한일이 함께 풀어야 할 역사,
관동대학살

한일이 함께 풀어야 할 역사,

관동대학살

유영승 지음

무라야마 도시오 옮김

푸른역사

○

**들
어
가
며**

1923년 9월 1일 오전 11시 58분, 진도 7.9(매그니튜드)의 대지진이 일본 수도가 있는 관동 지역을 덮쳤다. 마침 점심 때여서 불을 사용하는 곳이 많아 격한 흔들림에 무너진 가옥들에서 잇따라 화재가 발생했다. 화염은 바람을 타고 커다란 불길을 일으켜 도시 전체를 불태웠으며 9월 3일까지도 불길이 잡히지 않았다. 10만 명 이상이 목숨을 잃은 이 '관동대지진'으로부터 올해로 100년이 지났다.

일본에서는 이에 맞춰 다양한 출판물이 기획·간행되었으며 이 책 또한 그 일환으로 나오게 되었다. 이 책의 가장 큰 특징을 꼽자면 필자가 재일한국인이라는 점일 것이다. 일본에서 나고 자란 재일교포 3세인 내게 관동대지진은 '천재天災'일 뿐 아니라 6,000명에 달하는 조선인이 학살된 '인재人災'로 기억되는 사건이다.

지금껏 근현대 한일 관계를 주제로 한 책을 여러 권 출간했다. 관동대지진 당시의 조선인 학살 사건 역시 관심을 두고 오래전부터 준비해 온 주제였다. 1910년 한일병합으로 당시 조선인은 일본 국민으로 간주되었다.* 따라서 이 사건은 일본 시민이 같은 '일본인'을 학살한, 근대사에서 유례를 찾을 수 없는 잔혹한 범죄였다. 그럼에도 불구하고 일본 정부는 그동안 공식적인 조사나 검증을 시도한 적이 없었다. 이에 정확한 희생자 수도 파악하지 못하고 있다. 앞서 언급한 '10만 명 이상'이라는 희생자에 학살당한 조선인들은 포함되어 있지 않은 것이다. 유골을 수습하지도 않고 피해자의 신원 확인조차 제대로 이루어지지 않는 채 이 사건은 아직 역사의 어둠 속에 잠겨있다.

다행히 진지한 연구자들 덕분에 꾸준히 관련 자료가 발굴되었으며 뜻있는 시민들의 증언을 수집하는 작업도 지속되어 왔다. 이 책 출간에 그들의 선행조사와 연구가 큰 도움이 되었다. 본문에서 언급했지만 목격자의 증언은 읽기 괴로울 정도로 처참한 내용이 가득하다. 당시 혼란을 틈타 "무장한 조선인들의 습격", "조선인이 우물에 독을 넣었다"는 유언비어가 군과 경찰을 움직였

---

* 일본인들은 대부분 "일본이 한국을 합병함으로써 대한제국이 소멸하고 국가가 일본으로 바뀌었기 때문에 조선인의 국적도 일본"으로 보는 것이 자연스럽다고 생각했다. 제2차 세계대전을 종결시킨 일본과 연합국 간의 샌프란시스코 강화조약 발효일까지(1952. 4. 27) 재일조선인은 일본 국적을 갖고 있어야 했다.

고, 치안 협조를 요청받은 '자경단' 소속 시민들은 저마다 무기를 들고 행인들을 검문하며 '불령선인'을 찾는 일에 혈안이 되었다. 조선인으로 지목된 사람들은 자경단에게 집단 폭행을 당하거나 살해되었는데 그중에는 중국인과 일본인도 있었다. 그러나 학살에 가담한 자들은 자신들의 행동을 정당방위로 믿고 잔인무도한 폭력에 별다른 가책을 느끼지 않았다.

이 책은 '학살'의 진위와 처참했던 사건을 검증하려는 게 아니다. '조선인 학살'이라는 역사적 사실이 왜 사회에서 망각되어 가고 있는지, 이 잔혹한 사건의 가해자와 피해자가 뒤바뀐 '피해자 코스프레'가 어째서 아직도 유효하게 유통되는지, 이 사태에 일본 사회의 독특한 병폐가 자리하고 있는 것은 아닌지 등의 의문을 풀어보고자 했다. 왜냐하면 그것은 현대 일본 사회에서 살아가고 있는 재일조선인에게 절실한 문제이기 때문이다.

관동대지진 이후 '진재문학震災文學'이 등장했다. 많은 작가가 처절한 피해 체험을 기록하거나 참혹했던 재난의 현장에서 다시 일어서는 사람들의 분투를 그리고자 노력했다. 그러나 지진 재해의 상황에서 벌어진 잔혹한 폭력 행위를 기록하고 고발하는 작품은 손에 꼽을 정도이다. 더욱이 그러한 작품의 저자는 대부분 프롤레타리아 문학의 기수들이었으므로 검열의 대상이 됐고, 작품들은 복자伏字투성이가 되거나 출판 자체가 엄격히 통제되던 상황이었다. 당시 일본 문단의 저명한 작가들은 죄악에 눈을 감듯, 이 잔혹한 비극을 작품의 주제로 삼으려 하지 않았다. 국가와 사회가 손잡고 학살의 기억을 봉인했던 것이다. 이 공범 관계의 잔재는 여전히 일본 사회에 남아 어두운 그림자를 드리우는 듯하다.

이 책은 2022년 1월부터 2월까지, 총 20회에 걸쳐 아시아프레스 웹사이트asiapress.org에 연재한 글을 바탕으로 정리했다. 연재하는 동안 다양한 반응이 있었으며 악성 댓글들이 수도 없이 올라왔다. "지금 현재 너희 조국은 불령선인이 넘쳐나고 있잖아!", "최근에 일어난 지진 때에도 틈타서 나쁜 짓을 했던 게 너희들이잖아", "일본인에게 미움을 사고 싶다면 언제까지나 지껄여라." 이런 악성 댓글은 관동대지진 때의 유언비어에서 이어져 온 것으로, 더 무서운 점은 이렇게 말하는 사람들이 아직도 '불령선인의 습격'을 진실로 믿고 있다는 사실이다. 잔혹한 행동을 은폐한 기억의 진공 지대에 유언비어가 다시 흘러 들어가고 있다. 현재 일본 사회에는 인터넷을 중심으로 이런 혐오의 말들이 판을 치고 있다.

관동대지진의 진상을 밝히는 책을 한국어로 출판하게 되어 매우 기쁘다. 그 의미가 매우 크다는 것도 실감한다. 한국, 조선과 일본은 똑같은 '과거'를 공유하면서도 관점에 있어서는 쉽게 대립하곤 했다. 필자는 일본 사회에서 살아가는 한국인으로서 상호 소통의 물꼬를 틀 수 있는 접점이 없을까 모색해 왔다. 언론과 출판을 업으로 삼은 사람으로, 국가라는 껍데기에 갇히지 않는 시민으로 끊임없이 접점을 찾고자 했다. 일본인 독자를 염두에 두고 쓴 글이지만 한국인 독자의 시선이 더해져, 어쩌면 우리가 공유하는 '과거'의 윤곽 일부분을 전할 수 있지 않을까 하는 꿈같은 상상을 해

본다. 이 책의 번역자이며 한국어판 출간을 독려하고 기획해 준 무라야마 도시오 씨에게 진심으로 감사한 마음을 전한다.

역사는 인간 삶의 연속이며, 과거가 지닌 가치는 시간의 연속선상에 뒷받침되어야 한다. 거기에 의도적인 공백과 말소가 있다면 '역사에서 배운다'는 행위 자체가 의미를 상실하고 말 것이다. 과거와 단절된 '미래 지향'은 마치 줄이 끊어진 연처럼 너무나 가벼워져 종잡을 수 없게 될 것이다.

2023년 가을

저자 유영승

1부
관동대지진 학살, 그날 그 자리

1
되살아나는 유언비어

도착하지 않은 '추도사'

도쿄 스미다墨田구에 있는 도립 요코아미초橫網町 공원. 스모 경기장인 료고쿠 국기관과 가깝고 도쿄 스카이트리(세계에서 가장 높은 전파 탑 이름)가 바로 보이는 이곳에는 원래 육군의 군복을 제조하는 육군 피복창이 있었다.

관동대지진이 일어난 1923년 당시에는 광활한 공터였기 때문에, 지진으로 가옥을 잃은 이재민들이 이곳으로 피신했다. 그러나 지진의 여파로 인한 상승 기류가 불길을 부추기면서 걷잡을 수 없이 커진 불길이 이곳을 덮치는 바람에 약 3만 8,000여 명의 피난민이 불에 타 사망하는 참사가 발생했다.

현재 요코아미초 공원에는 그때의 희생자들을 기리는 위령당이 세워져 있으며, 지진과 도쿄 공습 때의 참사 자료를 전시한 도쿄도 부흥기념관이 설립되어 있다. 관동대지진의 피해를 기억하고 후세에 전승하기 위한 기념 공원인 셈이다.

위령당의 북쪽에는 다른 기념물에 비하면 규모는 작지만, 조선인 희생자를 기리는 추도비가 있다. 추도비가 세워진 1973년 이후 매년 이 앞에서 추도식이 열렸으며 도쿄도지사의 추도문이 낭독되었다. 그러나 고이케 유리코小池百合子가 도쿄도지사로 취임한 그 이듬해인 2017년부터 도지사의 추도문은 중단되었다. 그리고 그 해부터 보수단체인 일본 여성단체 '산들바람'이 추도식을 방해하기 시작했다. "다양한 주장이 있다"며 조선인의 학살 자체

화염이 도쿄를 삼킨 모습을 표지로 한 단행본 《다이쇼 대지진 대화재》[1]는 지진 재해 발생 한 달 만에 출간되어 40만 부의 베스트셀러가 되었다.

[1] 대일본웅변회大日本雄辯会, 《大正大震災大火災》, 고단샤講談社, 1923.

를 불확실한 사실로 취급한 도지사의 태도가 역사수정주의자들을 득세하게 만든 것이다. 관동대지진이 일어난 지 99년이 된 2021년에도 고이케 도지사는 추도문을 보내지 않았다.

관동대지진 때 유포된 유언비어를 사실로 받아들인 '자경단' 및 계엄령으로 출동한 군과 경찰에 의해 살해된 조선인은 약 6,000명이 넘는 것으로 알려져 있다. 그러나 희생자의 상당수는 유골조차 수습되지 못했으며 아직 역사의 어둠 속에 그대로 남아 있다.

혐오 발언 '불령조선인'의 함정

2017년부터 지속된 극우단체 '산들바람'의 방해 집회를 둘러싸고, 2020년에 들어서 새로운 변화가 생겼다. 도쿄도가 방해 집회 참가자의 발언을 '헤이트 스피치Hate Speech(혐오 발언)'로 인정한 것이다. 보도에 따르면 혐오 발언은 다음 세 가지에 해당한다.[2]

1. 범인은 불령조선인, 조선인 코리안이었던 것입니다.
2. 수많은 일본인들이 불령 재일조선인들에게 가족을 살해당하고 집이 불탔습니다.
3. 그 가운데 일본 정부는 불령조선인이 아닌 착한 조선인을 보호하기를⋯⋯

상기 1에 관하여 조례 제12조 제2항의 규정에 근거한 신고를 받았다. 이러한 표현은 불령조선인이라는 말을 사용하면서 일본국 외 출신자를 심하게 모독하고 지역 사회에서 배제하는 것을 선동하는 목적을 가지고 있었던 것으로 생각된다.

여기서 "불령不逞(불량)"은 "규칙을 지키지 않고 제멋대로 행동한다"는 뜻으로 "불령조선인"은 "무법자이며 불순한 조선인"을 가리킨다. 도쿄도가 문제 삼은 것은 "불령조선인"이라는 말이 조례가 정한 "일본국 외 출신자에 대한 부당한 차별적 언행"에 해당한다는 점이었다. 그러나 '헤이트 스피치'로 인정한 것은 어디까지나 계몽 차원의 명목이며, '산들바람'에 대한 직접적인 경고는 없었다.

이 '불령(조)선인'이라는 말이야말로, 혼란한 사회 틈새에서 거대한 살의가 되어 조선인을 덮친 것이었다. 그 저주받은 단어가 현대에 부활하여 대낮에 버젓이 공언되었다. 관동대지진 때 조선인 학살은 시민에 의해 대규모로 자행된 집단살인으로, 세계에서도 유례가 없는 사건이며, 피해자가 가해자와 같은 국내의 소수민족(당시 조선은 일본의 식민지배 아래 있었으며 조선인도 일본인으로 간주)이었던 것을 고려하면, 일본 역사상 최악의 범죄로 기억되어야 했다.

그러나 그 기억이 뒤바뀌어 되살아나고 있다. 피해자에게 원인을 전가해 가해자를 피해자로 둔갑시키는 이 반전이야말로 비극을 만든 유언비어의 '부활'인 것이다.

---

[2] 도쿄도 총무국, 〈보도발표자료報道發表資料〉, 2020. 8. 3

작가 에마 슈의 기억

1923년 9월 1일 오전 11시 58분, 관동 지역을 진도 7.9 규모의 대지진이 덮쳤다. 소설가인 에마 슈江馬修(1889~1975)는 도쿄부(당시 도쿄의 행정구역은 '부府') 요요기代々木(현 시부야구) 하츠다이初台의 자택에서 교정 원고를 인쇄하러 가려던 참이었다. 점심이 차려진 다다미방의 원탁에 앉아 가족들과 식사하려던 찰나, 갑자기 '형언할 수 없는 기이한 충동'을 느낀다.

에마는 "드디어 왔구나"라고 중얼거리며 본능적으로 옥외로 피신할 생각이었다. 그러나 혼자만 뛰쳐나갈 수는 없었다. 아내와 두 딸이 있었고 무엇보다 두 아이를 먼저 구해야 했다. 첫째딸은 식탁에 앉아 젓가락을 쥔 채 "엄마, 된장국 쏟아져!"라고 소리치고 있었다.

에마는 집이 격렬하게 흔들리는 와중에 서재로 뛰어들어가 자고 있던 둘째딸을 안고 "순식간에 안마당으로 뛰어내렸다." 그리고 뒤따라 나올 아내와 첫째딸을 위해 뒷문을 열어놓고 앞마당을 향해 질주했다. 잠옷 차림에 맨발인 채로.

그 순간 보인 것은 집들뿐만이 아니었다. 모든 숲과 나무와 전봇대 등이 대지가 내뿜는 격렬한 노여움에 잔뜩 겁에 질린 듯 떨고 있는 모습이었다. 그리고 태풍이 치는 듯한 굉음 속에서 사람들의 절망적인 비명이 고통스러울 정도로 요란하게 터져나왔다(《양들이 분노할 때》[3] 중에서).

그때 좀처럼 집 밖으로 나오지 않는 아내를 향해 그는 버럭 소리를 질렀다.

"당신, 지금 얼마나 무서운 일이 벌어지는지 몰라?"

하늘로 솟아오른 시커먼 연기를 멀리서 바라보며 에마는 "더욱 새롭고 끔찍한 재앙"이 덮칠 것을 예감하고 있었다.

도쿄도 스미다구에 건립된 관동대지진 한국/조선인 희생자 추도비.

---

3 에마 슈, 《양들이 분노할 때》, 슈호가쿠聚芳閣, 1925; 복각판 가게쇼보影書房, 1989.

2
'관'에서 '민'으로 하달된 유언비어

현실이 된 '새롭고 무서운 재앙'

에마 슈의 르포르타주 소설 《양들이 분노할 때》는 관동대지진 발생 이듬해인 1924년 12월부터 대만의 《대만일일신보》에 연재되어 1925년 10월에 단행본으로 출간되었다. 관동대지진을 소재로 한 문학 작품 중에서 가장 먼저 출판된 책이다.

소설 《수난자》가 베스트셀러에 오르면서 인도주의 작가로 주목받은 에마 슈는 차츰 사회 문제에 관심을 두기 시작하면서 프롤레타리아 문학에 접근한다. 관동대지진 당시 장편소설인 《극광》을 집필 중이었던 그는 "일본인은 아시아인의 공동의 적인 유럽인들과 함께 동양에서 먹잇감을 찾기 위해 혈안이 되고 있다. 중국과 조선, 인도를 지원하고 아시아인의 부활을 위해 힘을 다해야 한다"며 식민주의를 비판했다. 그러나 에마가 작품 속에서 예감한

"새롭고 무서운 재앙"은 지진 발생 직후 현실이 되고 만다. 지진과 화재로 엄청난 수의 사망자가 발생했을 뿐만 아니라, 재해지 일대에 퍼진 유언비어로 '조선인 사냥'이 시작되었기 때문이다.

대지진 다음 날
《양들이 분노할 때》는 작가 자신의 체험을 바탕으로 쓴 작품이며, 대지진 이후 유언비어로 인해 의심에 사로잡히는 개인의 내적 심리와 상황을 극명하게 기록한 글이다.

　대지진 이틀째 있었던 일이다.

지진 당시의 도쿄 아사쿠사 센소지 앞. 중앙에 쌓여있는 것은 자경단이 '조선인 사냥'에 사용한 쇠막대기와 죽창. 《관동대지진사진첩関東大地震写真帖》, 일본연합통신사, 1923.

《양들이 분노할 때》의
작가 에마 슈.

《양들이 분노할 때》는 관동대지진 발
생 이듬해인 1924년 12월부터 대만
의《대만일일신보》에 연재되어 1925
년 10월에 단행본으로 출간되었다.

"조금 전 그쪽에서 언뜻 들은 얘긴데 아무래도 이 혼란을 틈타서 ×××(복자=조선인)들이 여기저기 불을 지르고 다닌대."

이웃집 군인이 하는 말에 "진짜일까요?" 하고 깜짝 놀라 물었다. "평소 일본이란 나라에 원한을 품고 사는 놈들에겐 말하자면 절호의 기회란 거지"라는 그다음 말에, 에마는 자신에겐 조선인 친구가 있고 그들의 생각이나 태도에 "얕지 않은 동정심"을 가지고 있던 터라, "그럴 수도 있겠다"고 생각하지 않을 수 없었다. 게다가 그는 더 구체적인 뉴스를 접하고 있었다.

"×××가 폭동을 일으켜서 시내 곳곳에서 도둑질하거나 겁탈을 저질러서 결국 시내에서 ×××을 보면 닥치는 대로 죽여도 상관없다는 포고령이 내려졌다"는 것이다. 에마는 이런 소문을 강하게 의심하면서 반쯤은 믿을 수밖에 없는 자신의 마음에 혼란스러움을 느낀다.

아직 이루어진 적 없는 실태 조사

"조선인이 폭동을 일으켰다", "우물에 독을 넣었다", "여자를 덮쳐 겁탈했다"……. 이런 유언비어를 접한 이재민들은 같은 재해 피해자인 조선인을 살육했다. 민간인뿐만 아니라 군과 경찰도 이 학살에 가담한 것이 드러났다. 관동대지진으로 약 10만 5,000명이 목숨을 잃었다고 하지만 그 숫자에 학살당한 이들까지 모두 포함되었다고 말하기는 어렵다. 당시 일본 정부는 학살 행위를 은폐하고 축소하였으며 현재까지 공식적인 실태 조사가 한 번도 이루어진 적이 없기 때문이다.

　다만 시민사회가 먼저 나서서 다양한 증언을 수집하기 시작했고 민간의 연구를 통해 사건의 전모가 차츰 드러났다. 그 노력의 성과를 근거로 삼지 않았다면 이 글은 한 줄도 쓸 수 없었다는 것을 우선 일러두고 싶다.

'관'에서 '민'으로 전달된 유언비어

대지진이라는 참사 속에서 수도 도쿄를 중심으로 퍼진 유언비어는 누가 언제 흘린 것일까. '조선인의 습격'이라는 유언비어의 발생 시기에 대해 물리학자인 데라다 도라히코寺田寅彦는 일기장에 이렇게 적었다.

　집에 돌아오니 화재로 집을 잃은 아사쿠사의 친척들이 13명이나 피신해 와 있었다. 다들 짐을 챙겨서 나올 겨를도 없이 어젯밤엔 우에노 공원에서 노숙했다는데, 순경이 찾아와 ○○이 불을 지르고 돌아다니고 있으니 주의하라고 했다고 한다. 우물에 독약을 넣는다든지, 폭탄을 던진다든지, 근거 없는 여러 소문이 나돌고 있었다(《진재일기》[4], 1923. 9. 2).

　데라다는 "이런 변두리 동네까지 와서 행패를 부리고 다니려

---

[4] 《진재일기》, 데라다 도라히코 전집 제5권, 이와나미쇼텐岩波書店, 1950, p.176.

면 도대체 몇천 킬로그램의 독약, 몇만 킬로그램의 폭탄이 필요할까"라며 소문의 진상을 도저히 믿을 수 없다고 썼다.

또 극작가 기노시타 준지木下順二 역시 자신이 목격한 사건을 다음과 같이 회상했다.

> 얼굴이 피투성이가 되고 등 뒤로 양손이 묶인 한 남자가 사과 상자 위에 꿇어앉아 있었다.……그가 조선인이라는 것은 소년인 나도 자연스레 알 수 있었다. 폭탄을 던졌다느니, 우물에 독약을 뿌리고 다닌다는 '불령선인'에 관한 소문은 9월 2일에 이미 나도 듣지 않았나 싶다(《홍고》[5] 중에서).

데라다 도라히코에 따르면 유언비어는 대지진 당일인 9월 1일 밤에 경찰이 퍼뜨리고 있었다. 그리고 다음 날인 2일에는 당시 아홉 살 소년이었던 기노시타 준지가 이미 그 소문을 들어서 알고 있었다. 유언비어의 발원지를 특정하기는 어렵지만 재해 발생 초기에 경찰이 시민들에게 "조선인을 경계하라"는 잘못된 통보를 전달한 것이 결정적이었던 것으로 보인다.

자경단 대표의 고백
실제로 자경단 대표는 다음과 같이 보고했다.

---

[5] 기노시타 준지木下順二, 《홍고》, 고단샤講談社, 1988, p. 54~55.

9월 1일 이른 저녁 아케보노초曙町 파출소의 순경이 자경단을 찾아와 '동네마다 불만을 품은 조선인이 살인과 방화를 저지르고 있으니 조심하라'며 두 번이나 통보하러 왔다(《호치신문》, 1923년 10월 28일 자).

그리고 다음 날인 2일 아침이 밝자마자 경시청(도쿄 관할 경찰 기구)의 차들이 전단지를 뿌리고 다녔다. 자경단의 대표는 "즉시 (경찰이) 조선인에 대해 자경단 등이 폭행을 저지를 원인을 만든 것"이라 호소했다(야마다 쇼지, 《관동대지진 때의 조선인 학살과 그 후》[6] 중에서).

이 기사가 게재되었을 때, 조선인 학살의 책임은 자경단 등의 민간 집단에 떠넘겨졌다. 자경단의 대표는 사실과 다르다며 불만을 토로했다.

---

[6] 야마다 쇼지, 《관동대지진 때 조선인 학살과 그 후—그 국가책임과 민중책임》, 소시샤創史社, 2011, p. 58.

3
"너 조선인이지?"
─작가 쓰보이 시게지의 체험

일본 정부는 조선인 박해를 제지하는 훈시를 발표했고 언론인들
또한 "불령조선인의 습격은 풍문에 불과하다"고 인정했다. 그러
한 상황에도 불구하고 조선인 살육은 왜 계속되었던 것일까? 쓰
보이 시게지[7]의 소설 《십오 엔 오십 전》[8]에 등장하는 대목을 통해
당시의 긴박했던 정황을 구체적으로 들여다볼 수 있다.

---

[7] 쓰보이 시게지壺井繁治(1897~1975). 시인. 와세다대학을 중퇴하고 1923년에 동
인지 《적과 흑》을 창간. "시란 폭탄이다!"라고 외치는 선언문을 써서 아나키즘
의 입장을 표명했지만 작가 쓰보이 사카에와 결혼한 후 마르크스주의자로 변하
여 좌익예술동맹을 결성했다. 1930년, 1932년에 투옥되었다. 제2차 세계대전
후에는 신일본문학회(일본공산당계열의 문학단체)의 지도자로 활약하며 정치성과
사회성이 짙은 작품을 남겼다. 작품으로 《쓰보이 시게지 전시집》 등이 있다.
[8] 쓰보이 시게지, 《십오 엔 오십 전》, 세이지샤青磁社, 1988.

유언비어는 '사기', 그럼에도 불구하고

야마모토 곤노효에山本権兵衛[9] 내각은 9월 5일에 훈시를 발표해 "민중 스스로가 무분별하게 조선인을 박해하는 행동은 일선동화日鮮同化의 근본에 어긋날 뿐만 아니라 외국에까지 알려지게 되어 절대 바람직하지 않다"라며 자경단들의 자중을 촉구했다.

야마다 쇼지山田昭次[10]가 제시한 사법부 자료 〈지진 재해 후에 일어난 형사사범 및 이와 관련된 사항 조사〉를 분석한 바에 따르면, 관동대지진 시기에 범죄를 저지른 것으로 추정한 조선인 용의자는 대략 140명이다. 관동 지역 일대를 습격하기에 터무니없이 부족한 인원인 데다 그중 성명 불명, 소재 불명, 도망·사망한 자가 약 120명에 이른다. 즉 용의자 대부분이 어디에 사는 누구인지 알 수 없으나 "조선인임은 틀림없다"라고 단정한 것이다.

또한 범죄 유형에서 가장 많이 언급된 내용은 '강도'이며 '협박'

---

[9] 야마모토 곤노효에山本権兵衛(1852~1933). 해군 군인, 일본 내각 총리대신. 사이고 다카모리의 영향을 받고 해군의 요직을 역임했다. 청일전쟁, 러일전쟁 때도 공을 세워서 야마가타 아리토모, 이토 히로부미 등 메이지 정부의 핵심 인물들의 신임을 얻었다. 정국의 변화를 틈타 육군의 주도권을 해군으로 돌리는 데 성공하여 두 번 총리대신을 역임했지만 난바 다이스케가 일으킨 '도라노몬 사건(쇼와 천황 암살 미수 사건)'의 책임을 지고 사직했다.

[10] 야마다 쇼지(1930~), 릿교대학 명예교수. '관동대지진 조선인 학살의 국가책임을 묻는 모임'의 임원. 근대 일본의 아시아 침략에 관한 주제와 관련한 연구를 지속하고 있다. 《식민지 지배/전쟁과 전후의 책임: 조선 및 중국에 대한 시각의 모색》(소시샤創史社, 2003) 등 저서 다수.

피난을 떠나는 기차에 매달린 군중.
《관동대지진사진첩》, 일본연합통신사, 1923).

과 '절도'가 그 뒤를 이었다. 이른바 불장난에 가까운 범죄가 대부분이며, '살인'과 '살인미수', '방화'와 같은 중범죄는 매우 적다.[11]

《도요게이자이신보東洋経済新報》의 편집주간이었던 이시바시 탄잔石橋湛山[12] 또한 이 발표를 듣고 "대부분이 뜬소문"이며 "그 범죄자가 과연 조선인이었는지, 내지인(일본인)인지 알 수 없다"고 비판했다.[13]

이처럼 '조선인 폭동'이라는 소문이 아무런 근거 없는 유언비어였음은 대지진 이후 비교적 이른 시기에 밝혀졌음에도 조선인에 대한 적개심은 더욱 광범위하게 확대되었다. 어째서일까.

쓰보이 시게지의 《십오 엔 오십 전》

《십오 엔 오십 전》은 쓰보이 시게지가 1928년 9월에 발표한 단편 소설이다. 이 작품에는 당시 지진 피해 당사자인 한 문학가의 자전적 기록이 잘 드러나 있다. 책의 내용을 짚어보며 질문에 대한 답을 찾아가고자 한다.

---

[11] 야마다 쇼지, 《관동대지진 때 조선인 학살과 그 후—그 국가책임과 민중책임》, 소시샤創史社, 2011, p. 81.

[12] 이시바시 탄잔石橋湛山(1884~1973)은 자유주의 입장에서 일본의 군국주의 정책을 강력히 반대했다. 주로 경제 분야에서 평론 활동을 했으며 전후 자유당에서 정치 활동에 참여하였다. 요시다, 하토야마 내각에서 장관직을 역임. 자민당 결성 후 첫 수상에 취임했으나, 병으로 3개월 만에 사직했다.

[13] 《도요게이자이신보》, 1923년 10월 27일 자 "조선인 학살에 대한 지식인의 반응"(〈관동대지진 조선인 학살 문제 관계 사료 1〉), 료크인쇼보綠陰書房, 1996, p. 109.

쓰보이는 쇼도시마(가가와현) 출신으로 와세다대학을 중퇴한 후 문예 동인지인 《적과 흑》, 《문예해방》을 창간하였고 1928년에는 나프NAPF(전일본무산자예술연맹)에 가입한 프롤레타리아 문학가이다. 《스물네 개의 눈동자》 등의 아동문학 작품으로 유명한 쓰보이 사카에壺井栄는 같은 고향 출신으로 시게지의 부인이다.

참고로 쓰보이는 1945년 이후 같은 제목의 장편 시를 썼으며, 일반적으로는 그 작품이 더 유명하지만, 여기서는 관동대지진 이후 비교적 이른 시기(5년 후)에 발표한 그의 기록문학을 참고한다. 작품은 '진재震災 회상기'라는 부제하에 다음과 같이 시작된다.

그렇게 혼잡한 기차를 탄 것은 태어나 처음이었다. 친구 집에서 만들어 준 주먹밥을 들고 5일 오후에 다바타역(도쿄 시내)에 도착하고 보니 몇만 명이 되는지 알 수 없는 피난민들이 인산인해를 이루고 있었다. 9월 초순의 혹독한 늦더위가 구내에 쨍쨍 내리쬐는 가운데 울음소리와 고함, 신음, 그 소리가 꽉 차 끓는 물처럼 팔팔 끓어오르고 있었다.

도쿄를 탈출하는 사람들

대지진 발생 5일째인 9월 5일, 쓰보이는 궤멸된 도쿄를 떠나 고향인 쇼도시마로 돌아가려고 다바타역으로 향했다. 그러나 역사는 군중으로 가득 차 있어 발 디딜 틈조차 없는 상황이었다. 고생 끝에 간신히 플랫폼에 도착한 그가 열차를 기다리고 있는데, "모든 열차가 만원이었다. 기차가 플랫폼에 도착했는데도 승객들은 아무도 내리려 하지 않았다." 기차를 기다리던 승객 중에는 전날부터 기차를 기다리고 있던 사람도 있었다.

기차에 오르지 못해서 화가 난 군중들은 급기야 열차의 지붕 위에까지 올라타기 시작했다. 혼란과 공포로 가득 찬 재난의 현장을 어떻게든 탈출하려는 것이었다. 당장 플랫폼을 떠나는 열차의 지붕 위에 몇십 명이나 되는 승객들이 기왓장처럼 쌓여있는 모습을 보고 나는 그 배짱에 놀라지 않을 수 없었다. 주름투성이인 할머니조차 지붕 위에 타고 있었다.……그들은 기차 지붕에서 떨어져 죽는 한이 있어도 대지진의 도시를 벗어나고 싶었던 것일까?

도카이도선(도쿄에서 오사카로 향하는 주요 철도 노선)은 불통이었다. 쓰보이는 다카사키선(도쿄에서 북쪽으로 향하는 노선)을 타기 위해 역에 간 것으로 보이지만 열차 지붕에 오를 용기는 나지 않았다. 결국 "필사적인 노력"으로 "돌담을 밀어 헤치듯 뚫고 들어가 간신히 기차 안으로 몸을 밀어넣을 수 있었다."

"당신 조선인이지?"
"아카바네赤羽 건너편에 있는 철교"를 무사히 지나자, 열차 안에서는 안도의 한숨이 여기저기에서 새어나왔다. 사람들은 이 며칠

한일이 함께 풀어야 할 역사, 관동대학살 ──●

사이에 들리던 "여러 가지 무서운 사건"이나 "근거 없는 소문을 마치 진실인 듯 아무렇지도 않게 과장된 몸짓으로" 말문을 트고 있었다.

그중에 어떤 남자는 심심풀이로 "조선인을 단칼로 베어 죽였다"라며 의기양양하게 말했고 "도쿄가 그토록 큰 화재에 휩싸인 것은 사회주의자들이 이곳저곳에 폭탄을 던졌기 때문"이라고 말하는 사람도 있었다.

쓰보이는 긴 머리카락을 감추려 모자를 깊숙이 눌러썼다. 세간의 사람들에게 '장발은 사회주의자'라는 이미지가 있었기 때문이었다. 그는 어제 일어난 일을 떠올렸다.

9월 4일 점심 무렵이었다. 나는 다른 친구와 둘이서 우시고메 벤텐초의 숙소를 나와 야마부키초를 지나 오토와 쪽을 향해 걷고 있었다. 문득 뒤에서 우리를 날카롭고 위협적인 목소리로 불러세우는 자가 있었다. 뒤돌아보니 이미 한 군인이 내 등 뒤에서 날 선 총검을 들이대고 있었다. 깜짝 놀라 나도 모르게 물러섰다.

"거기 서! 당신 조선인이지?" 하고 호통을 치면서 군인이 내 쪽으로 한걸음 다가왔다. "일본 사람입니다, 전!" 갈팡질팡하던 나는 간신히 한 마디 할 수 있었다. "거짓말 마, 너 이 자식!" 군인은 맹수처럼 사나운 얼굴로 내 말은 들으려고도 하지 않았다.

좌익운동에 관여하고 있던 쓰보이가 군인에게 "조선인이지?" 하고 의심을 산 것은 그가 하늘색 루바슈카(러시아 민속의상으로 남성용 상의)를 입고 있어서였다.

사각모(대학생 모자)를 쓰고 있던 친구의 두둔으로 겨우 검문을 벗어나자 쓰보이는 친구의 충고로 당장 루바슈카를 벗어버렸다. 루바슈카는 당시 좌익 청년들에게 상징적인 패션이었다. 그렇다면 조선인과 루바슈카를 결부시킨 것은 무엇 때문이었는가? 이 무렵 조선인 노동자와 일본인 사회주의자가 함께 연대해 공동투쟁을 시작했기 때문이다.

루바슈카를 입은 아나키스트 박열(오른쪽)과 가네코 후미코(《주부의 벗》, 1926년 3월호). 두 사람은 관동대지진 때 누명을 쓰고 체포되어 사형 판결을 받았다.

4
난바 다이스케가 본 조선인 노동자

사회주의자와 조선인 노동자의 결속으로 당국이 치안 경계를 더 강화하는 가운데 관동대지진이 일어났다. 수도에는 계엄령이 선포되었고 군대의 출동이 민심을 더욱 혼란스럽게 했다.

조선인 노동자와 메이데이 대탄압

대지진 발생 4개월 전인 5월 1일, 도쿄의 시바芝구(옛 행정구역, 현 미나토구) 시바 공원에서 제4회 메이데이 행사가 열렸다. '식민지 해방'을 슬로건으로 내건 이 메이데이 행사에 조선인 노동자가 상당수 참가하였는데 결집한 사람이 대략 1만 명에 달하였다. 이에 경시청은 2,000여 명의 경찰관을 투입해 탄압하였는데, 그날 조선인 노동자들의 투쟁 화력에 일본 사회주의자들이 몹시 놀랐다고 한다. 이때로부터 반년이 지난 후, 천황 섭정 히로히토 일왕(이후 쇼와 천황)을 산탄총으로 저격한 도라노몬 사건이 일어났다. 범인으로 지목된 난바 다이스케難波大助는 이 메이데이 행사에 참가한 바 있었다. 훗날 그는 그때 받은 인상을 아래와 같이 남겼다.

메이데이 때/ 사벨(서양검洋劍)을 든 자들이 조선인에게 가했던/ 그 폭압과 압제는 과연 어떠했는가/ 도쿄 한복판에서는 대낮에 군중이 보는 앞에서⋯⋯도쿄에서는 기껏해야 부상이 전부다/ 그것이 바다 건너 반도에서는 비밀재판 끝에/ 목이 날아가는 것이다.⋯⋯조선 사람의 마음, 분노/ 맹목, 파괴성, 증오, 저주,/ 심장의 고동까지(시인의 언어를 빌린다면) 우리 일본 프롤레타리아proletariat와 일치하고/ 있을 것이다. 결속 unite은 단지/ 시기의 문제(오시마 에이자부로大島英三郎, 《난바 다이스케 대역 사건: 도라노몬에서 일왕 저격》[14] 중에서).

이전 대역 사건의 기록을 섭렵하고, 고토쿠 슈수이幸德秋水[15]에게 심취해 있던 난바 다이스케는 도라노몬 사건의 법정에서 "신속히 잘못된 권력 행사를 고치고, 민중의 마음을 가슴에 품고 억

---

[14] 오시마 에이자부로大島英三郎, 《난바 다이스케 대역 사건》, 고크쇼쿠센센샤黑色戰線社, 1979년, p. 153.

[15] 고토쿠 슈수이(1871~1911). 메이지 시기에 일본에 사회주의 사상을 소개하며 《평민신문》을 통해 계몽운동과 사회혁명당 결성 등 정치 활동을 전개하다 '천황 암살 음모'의 주모자로 체포, 처형되었다.

눌린 백성을 해방시켜 만민이 평등한 사회를 실현하기 위해 노력해라. 그렇지 않으면 나는 일곱 번 다시 태어나도 대역 사건을 반복할 것이다"라고 진술했다. 그에게 사회주의란 이와 같은 이상이었다.

시나노강 조선인 노동자 학살 사건

일본인 사회주의자와 조선인 노동자 간의 연대는 대지진 발생 이전 해인 1922년, 니가타현에서 일어난 학살 사건이 계기가 되었다. 1922년 7월 22일 자 《요미우리신문》은 "시나노강에 자꾸만

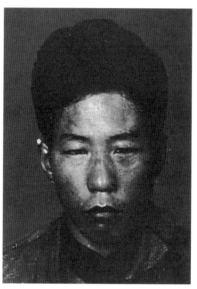

'도라노몬 사건'의 범인인 난바 다이스케.

떠내려오는 조선인 학살 시체/ 지옥의 골짜기로 불리며 인근 마을 주민들을 공포에 떨게 하는 신월전력 대공사 중에 나도는 괴소문"이라는 표제로 기사를 게재했다. 목격자의 증언을 바탕으로 시나노강의 지류인 나카쓰강 발전소의 공사 사무소(오쿠라조)에서 일하는 조선인 노동자의 실태를 폭로한 기사였다.

새벽 4시부터 밤 8시나 9시까지 황소나 말처럼 혹사당한다. ……몸이 극단적으로 쇠약해져 더 이상 견딜 수 없다고 사직을 희망해도 받아들여지지 않는다. 견디기 힘들어서 도망치려고 하면 "양손을 묶고 지키는 사람 서너 명이 번갈아 가면서 노동자를 나무 위에 매달아놓고 몽둥이로 세게 때린다." 무서운 것은 이 산에서 도망치다 붙잡힌 조선인들의 부패한 시체가 발견되는 것이다. 내가 들은 것만 해도 이 강의 하류에서만 사인을 알 수 없는 조선인의 시신 7~8구가 발견되었다. 아마 근무 태도가 나태하다는 핑계로 학대당하고 달아났던 조선인들이 앞에서 말한 것처럼 살해당한 것이 아닌가.

[16] 야마카와 히토시山川均(1880~1958). 사회주의자. 고토쿠 슈수이와 함께 《평민신문》 편집에 종사했다. "대역 사건"으로 고토쿠 슈수이 처형 후 사카이 도시히코와 사회주의운동에 참가했다. 러시아혁명 후에는 마르크스주의 이론을 탐구하여 1922년 일본공산당 창설에 참여했다. 나중에 노농파 마르크스주의의 지도자로서 "인민전선 사건"으로 투옥되고 제2차 세계대전 후에는 일본사회당에서 활동했다. '야마카와이즘'로 불린 이론체계를 구축하고 《야마카와 히토시 전집》(전 20권, 게이소쇼보勁草書房) 등 수많은 저서를 남겼다.

일본인 사회주의자들은 이 사건에 큰 관심을 보였다. 일본공산당이 결성된 지 얼마 지나지 않아 야마카와 히토시山川均[16]는 "조선인 선각자와 제휴하여 조선인 노동자를 노조로 조직하는 일에 노력할 것", 그리고 조선인 노동자에 대한 '모든 차별 대우 철폐'를 요구하며 동일 노동과 동일 임금 실현을 "노조운동의 유일한 표어로 삼을 것"이라며 호소했다.[17]

그해 11월에 도쿄 조선노동총동맹회, 12월에는 오사카 조선노동총동맹회가 조직되었다. 일본인 사회주의자와 조선인 노동자가 결속해 사회적 행동을 실행하는 것을 우려한 내무성은 경계를 더욱 강화했다.[18]

계엄령이 가져온 것

루바슈카 차림의 쓰보이 시게지를 검문한 것은 어째서 군인이었는가. 도쿄에 계엄령이 떨어지자 시내로 출동한 군대가 치안을 담당하고 있었기 때문이다. 계엄령은 대지진 다음 날인 9월 2일부터 도쿄를 시작으로 가나가와, 지바, 사이타마 등 수도권 전역으로 범위가 확대되었다. 계엄령의 시행은 경시청의 소실로 취약해진 치안 상태를 보강하고 조선인 폭동 등의 '유언비어'에 대처

---

[17] 《전위》, 1922년 9월호.
[18] 김일면, 《박열》, 합동출판合同出版, 1993년, p. 145; 야마다 쇼지, 《가네코 후미코: 자기·천황제 국가·조선인》, 가게쇼보, 1996, p. 123.

하기 위해서였다.

그러나 동시에 내무성 경보국장은 각 부·현 지사 앞으로 "도쿄 부근에서 대지진 재해를 빌미로 조선인들이 각처에서 방화하고 불온한 목적을 수행"하고 있으며 "실제로 도쿄 시내에서 폭탄을 소지하고 석유를 뿌려 방화하는 사람들"이 있으므로 "조선인의 행동에 대해 엄격한 단속"을 요청하는 전문電文을 보냈다.[19] '유언비어'를 사실로 받아들이고, 명백히 조선인 박해를 선동하는 내용이었다.

사회운동가이며 인권변호사인 후세 다쓰지布施辰治[20]와 쌍벽을 이룰 정도로 유명한 인권변호사이며 40권이 넘는 잡지를 창간한 '잡지광'으로 유명한 야마자키 케사야山崎今朝弥[21]는 이 계엄령을 "진정으로 불에 기름을 붓는 격이었다"고 회고했다. 나아가 평소

---

[19] 9월 3일 오전 8시 15분 내무성 경보국장이 각 지방장관 앞으로 보낸 전보. 방위성 방위연구소 전사연구센터 보관, 《해군 공문 비고》 권155, 변재재해 3, 진재 관계 2.

[20] 후세 다쓰지(1880~1953). "일본의 쉰들러"로 불리는 인권변호사. 노동쟁의, 보통선거운동과 관련한 변호를 수없이 맡았지만, 특히 한국인과 관련한 사건의 변호를 많이 맡은 것으로 유명하다. 박열 사건, 한신교육투쟁 사건 등 다양한 사건을 변호하여 2004년 일본인으로서는 최초로 대한민국 건국훈장을 받은 바 있다.

[21] 야마자키 케사야(1877~1954). 변호사. 미국에 유학하며 고토쿠 슈수이 등 사회주의자를 알게 된 후 다이쇼 시대에 도쿄에서 일어난 사회주의 관련 사건의 대부분의 변호를 맡았다. 자유법조단, 일본 페비언협회 등의 결성에 참여하고 나중에 좌익 진영의 전선통일을 목표로 활동했다. 권력을 조롱하고 모든 권위주의적인 것을 부정하는 주장과 행동이 주목을 불러일으켰다.

사카이 토시히코(중앙), 오스기 사카에(왼쪽)와 교우 관계에 있던 야마자키 케사야(오른쪽) 등, 당시의 사회주의자와 무정부주의자들(모리나가 에이자부로, 《야마자키 케사야: 어느 사회주의 변호사의 인간상》, 기노쿠니야紀伊國屋 신서新書).

익살스러운 성격의 그는 "민심을 불안하게 하고, 시민을 모조리 적군 앞에서 보초 서게 만드는 듯한 심리 상태에 빠트린 건 분명 군대의 유일한 공로였다"[22]고 일침을 가했다.

"폭도 있음, 방방곡곡에서 방화와 약탈을 자행"
소설 《십오 엔 오십 전》으로 돌아가자. 도쿄를 탈출하는 열차 안에서 쓰보이는 전날 일어난 사건을 회상한다.

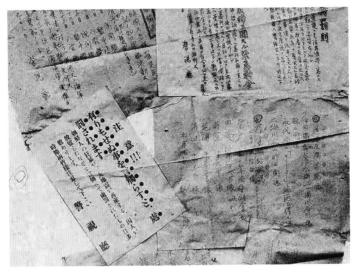

지진 재해지에는 수많은 전단지와 포스터가 나돌았다. 그중에는 유언비어를 훈계하는 내용도 있었다. 그만큼 유언비어가 널리 퍼져있었다는 것을 알 수 있다. 사진 속 유인물에는 "주의!!! 있지도 않은 이야기를 퍼뜨리면 처벌 대상이 됩니다. 조선인의 흉악함, 대지진의 재래, 수인들이 탈옥했다 등을 함부로 퍼트리다가 처벌받은 사람이 많습니다. 시기가 시기인 만큼 각별히 주의하세요.―경시청"이라 적혀있다.

친구와 헤어져 고코쿠지 방면으로 향하던 쓰보이는 나팔을 불며 행렬하던 연대 규모의 군대와 마주친다. 그것은 "혼란에 빠진 거리에, 집집마다, 그리고 내 가슴에 전쟁의 기운을 퍼뜨리며 진군해 왔다." 문득 주변을 살펴보니 거리 이곳저곳에 "폭도 있음. 방방곡곡에서 방화와 약탈을 자행했음. 모든 사람이 협력해 경찰을 지원해야 한다. ×× 경찰서"라고 적힌 포스터가 붙어있었다. "폭도"는 물론 "불령조선인"을 가리키는 것이었다. 거리에는 이미 기정사실인 듯 그런 말들이 넘쳐나고 있었다.

22 《지진·헌병·화재·경찰》, 이와나미서점, 1982.

5
유언비어를 확산한 신문

붙잡힌 조선인의 운명

쓰보이의 회상 속에서 그가 탄 기차는 사이타마현 오미야大宮에서 신에쓰 본선으로 진입했다. 열차가 정거장에 도착할 때마다 군인들이 열차에 올라타 차내는 물론 열차 밑바닥까지 조사했다. 그러다 이소베역에서 조선인 3명이 객차 밑에 숨어있다가 발각되었다.

잠시 후, "와!" 하고 탄성이 터졌다. 그리고 불쌍한 조선인 노동자 3명이 이 지역의 청년들에게 끌려왔다. 환호성에 섞여 "고꾸라뜨려! 죽여버려!" 같은 소리가 내 귀에 희미하게 들렸다.……기차 안에 있던 사람들은 방금 일어난 일에 대해 나름대로 해석해서 얘기하고 있었다. 그중에는 조선 사람이 기차

밑바닥에 숨어 이 열차를 전복시키려 했던 것이라고 단정 짓는 사람도 있었다.

붙잡힌 조선인들은 어떻게 되었을까. 《관동대지진 조선인 학살의 기록: 도쿄 지역별 1,100인의 증언》에 나오는 도쿄 시내에서 일어난 사례를 인용해 보자. 우선 료고쿠 국기관 북서쪽에 있는 오쿠라 다리御蔵橋에서 일어난 참사이다.

조선인 5~6명이 등 뒤로 철사에 손이 묶인 채 오쿠라 다리 위에 있는 나무에 결박되어 있었다. 몇 가지 질문을 던져보아도 그들은 아무 말도 하지 않고 고개를 숙이고 있을 뿐이었다. 지나가던 사람들이 앞다투어 몰려와 "부모의 원수, 아이의 원수"라며 손에 들고 있는 몽둥이로 머리와 몸을 가리지 않고 마구 가격하는 바람에 머리, 손, 팔, 발, 다리가 몽땅 으스러져 사방으로 피가 튀면서 어느 순간 죽어가고 있었다(스미다구, 나루세 마사루, 당시 20세).

현재 '조선인 희생자 추모비'가 세워진 요코아미초 공원 역시 학살의 현장이었다.

피복창 터 근처의 비좁은 공터에서 피투성이가 된 조선인 4명을 10여 명이 철사로 묶어 끌고 와 쓰러뜨렸습니다. 그러고는

도쿄 스미다강 오쿠라 다리에 버려진 시신.
《선데이 마이니치》, 1975년 9월 7일 자》.

피복창 터로 피난 온 이재민들이 급히 챙겨 나온 짐 보따리에 불이 붙었고, 마침 불어닥친 강풍에 피복창 터는 순식간에 화염으로 뒤덮였다. 이곳에서만 3만 8,000명이 희생되었다(Robert L. Capp Collection, 1923).

한일이 함께 풀어야 할 역사, 관동대학살 ──●

말뚝으로 누르며 큰 술병에 담긴 (물인 줄 알았던) 석유를 온
몸에 뿌리고 불을 질렀어요. 고통으로 나뒹구는 사람들을 불
붙은 말뚝으로 짓누르며 "이놈들이 우리 부모, 형제, 자식들
을 죽여버린 거야"라고 눈에 핏발을 세우고 있었습니다(스미
다구, 우라베 마사오, 당시 16세).

군에 의한 살육

지진 발생 이후 거리에서 폭도로 변한 것은 조선인이 아니라 일본
인이었다. 유언비어를 진압하기 위해 출동한 군대도 살육에 가담
하였다.

군에서 나와 죽였는데 말해도 될지 모르겠다.……아야세강
변에서 12~13명 정도 되는 조선인을 등 뒤로 손을 묶어서 염
주처럼 연결해 강을 향해 세워두고 둔치 쪽에서 기관총으로
한꺼번에 쏜 것입니다(가쓰시카葛飾구, 요코다=가나横田=가명).

요츠키 다리 아래 스미다구 쪽 강변에서 조선인을 10명씩 묶
어 줄 세우고 군대가 기관총으로 쏴서 죽였어요. 아직 죽지
않은 사람을 수레 선로 위에 눕힌 다음 석유를 뿌려서 태웠어
요(가쓰시카구, 아사오카 주조浅岡重蔵).

지방으로 확산된 유언비어

앞선 사례는 도쿄에서 일어난 사건이지만 군마현의 이소베역에 서도 학살이 일어났다. 잘 알려진 '후지오카藤岡 사건'이 그것으로, 경찰이 보호하고 있던 조선인의 인도를 요구하는 지역 자경단이 경찰서에 난입해 조선인 17명을 끌고 가서 살해했다(《후지오카초 동사무소 문서》).

계엄령이 내려지지 않은 지방에까지 '불령조선인의 습격'이란 유언비어가 밀어닥쳤다. 그 선봉 역할을 한 것이 신문이었다. 쓰보이를 태운 기차는 나가노현의 시나노역에 정차했고 그는 그곳에서 하룻밤을 묵는다. 9월 4일, 이 지역의 신문인《시나노마이니치신문信濃每日新聞》은 "불령조선인들이 탈옥해 군대와 크게 충돌"이라는 허위 기사를 대대적으로 보도했다.

다음 날 쓰보이는 나가노현 시오지리塩尻에서 중앙선으로 갈아타고 나고야로 향했다. 나고야의 지역 신문인《신아이치新愛知》에는 "우물과 농업 용수로에 독약을 타고 군중에게 폭탄을 던지며 각처에서 방화를 저지르는 불령조선인과 중국인이 맹렬히 날뛴다"(9월 3일 자 호외), "불령조선인 1,000명과 요코하마에서 전투 개시, 보병 일개 소대의 전멸인가", "발전소를 습격하는 조선인", "지붕에서 지붕으로 조선인들이 방화하며 다닌다"(9월 5일 자 호외) 등의 기사가 실렸다.

《신아이치》는 이어서 5일 자 본지에서도 기후岐阜현 후와不破군(현 오가키大垣시)의 육군 화약고에 "불량배 300명이 집결해 불온

니시자키 마사오 편저,
《관동대지진 조선인 학살의 기록: 도쿄 지
역별 1,100인의 증언》,
겐다이쇼칸現代書館, 2016.

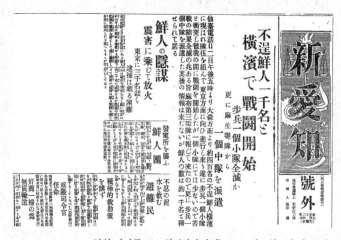

허위 기사를 보도한 《신아이치》, 1923년 9월 5일 자 호외.

한 분위기를 조성, 군대 출동"이라는 내용의 인접 지역에 관한 허위 기사를 보도했다. 피해 지역에서 멀어질수록 유언비어의 내용은 격앙되어 갔다. 지진과 대규모 화재로 인해 발행 능력을 상실한 수도권의 신문을 대신하여 각 지방 신문들이 유언비어를 확산하는 데 지대한 역할을 담당했다.

"주고 엔 고주 센"

나고야로 가는 열차 안에서 있었던 일이다. 역에 도착하자 여느 때처럼 총검을 번쩍 든 군인이 창문으로 목을 들이밀어 사람들로 가득 찬 차량을 점검하기 시작했다.

"어이, 너, '주고 엔 고주 센(십오 엔 오십 전)' 해봐!"

군인이 갑자기 내 옆에 있는 검은색 작업복(시루시반텐印半纏)을 입은 노동자를 가리키며 날카롭게 소리쳤다. 그는 이 갑작스럽고 기이한 검문의 의미를 처음엔 이해하지 못해 갈팡질팡하다가 잠시 후 분명한 목소리로 "주고 엔 고주 센"이라고 대답했다.

"됐어!"

군인은 의외로 간단하게 심문한 후 바로 자리를 떠났다.

"주고 엔 고주 센十五円 五十錢……." 군인이 떠난 후 쓰보이는 혼잣말로 이 구절을 반복해서 발음해 보았지만, 검문의 진의를 짐작하지 못했다. 검문당한 노동자 역시 고개를 갸우뚱거렸다. 그는 며칠 전 도쿄에서 군인에게 붙잡혔을 때 이런 검문을 당하지는 않았다. 그가 의미를 이해한 것은 훨씬 나중의 일이었다.

6
조선인 식별법 "십오 엔 오십 전"

"십오 엔 오십 전"이라는 수수께끼 같은 말은 겉모습만으로 일본인과 구별하기 어려운 조선인을 찾아내기 위한 식별법이었다. 1919년 3·1운동의 충격으로 조선총독부는 '무단통치'를 '문화통치'로 바꾸어 조선인의 저항심을 꺾으려 했다. 그러나 '불령조선인'에 대한 추격의 고삐를 늦춘 것은 아니었다.

조선인 식별법

1923년 관동대지진 당시의 일본에는 약 8만 명의 조선인이 거주하고 있었다. 제1차 세계대전으로 인한 전시 호황으로 출구를 찾은 일본 산업계는 한편으로 심각한 노동력 부족에 시달리고 있었다. 따라서 노동력이 싼 조선인들에 주목하던 참이었다.

1919년 3·1운동 때는 일시적으로 도항을 제한(1922년 폐지)했지만 '내지(일본)'로 건너가는 조선인의 숫자는 해마다 늘고 있었다. 치안 당국은 단속을 느슨하게 하지 않았다. 전쟁 후 불황에 직면해 실직한 조선인 노동자들이 노동운동에 가담하여 사회주의자와 결집하는 것은 아닌가 하는 우려로 '불령조선인'에 대한 경계를 더욱 강화하고 있었다. 따라서 '식별'법이 필요했다. 관청에서는 일본인인지 조선인인지, 혹은 '불량'한 조선인인지 '선량'한 조선인인지를 구별해야 했다.

- 신장은 내지인(일본인)과 별 차이가 없으나 자세는 훤칠한 편으로 허리를 구부리거나 새우등으로 다니는 사람이 적다.
- 얼굴 또한 내지인과 차이는 없으나 머리카락은 부드럽고 숱이 적은 편, 비교적 아래쪽을 향해 있으며 생머리가 많다. 얼굴에 털이 적고 소위 속이 빈, 밋밋한 얼굴이 많다.
- 발음에 억양의 굴곡이 있고 유창하다.
- 발음할 때 탁음인 '가기구게고'를 특히 잘하지 못한다.
- 발음할 때 '라'행의 '라리루레로'가 뚜렷하지 않다. 예를 들어 '라'는 '나'로, '리'는 '이'로 들린다.

이상은 한일합방 3년 후인 1913년 내무성 경무국이 배포한 문서 〈조선인 식별 자료에 관한 건〉의 일부이다. 일본인과 조선인을 식별하는 방법이 열거되어 있는데, 양자의 외모 차이가 미묘해 식별이 어렵다는 지적이 있다. 눈여겨볼 대목은 후반부에 언급하고 있는 발음상의 특징들이다.

발음으로 갈린 삶과 죽음

소설 《십오 엔 오십 전》에는 열차 안에서 검문 장면을 목격한 이후 소설적인 표현보다 작가의 분노가 그대로 기술되어 있는데, '주고 엔 고주 센'의 수수께끼를 드디어 푸는 장면이다.

조선인인지 아닌지를 확인하기 위해 반드시 탁음이 있는 단어를 말하도록 했다고 한다. 예를 들어 '자부톤(방석)'을 '사후톤'으로 발음해 그 자리에서 살해된 조선인도 있었다. 내가 기차 안에서 목격한 사건. 만약 '주고 엔 고주 센'처럼 탁음 많은 단어를 제대로 발음하지 못했다면 아마 그 노동자도 나쁜 일을 당했을 것이다.

조선어의 특징인 '어두의 첫소리가 탁음으로 발음되지 않는다'는 규칙을 역으로 이용한 것이 '주고 엔 고주 센'의 식별법이었다. 작가는 군인의 입에서 나온 이 기괴한 말의 이면에 숨은 지배계급의 광기 어린 장면을 포착하곤 분노를 표했던 것이다.

'무단통치'에서 '문화통치'로

일본 내무성의 '조선인 식별법'은 상대가 일본인인지 조선인인지를 구분하는 방법이었다. 외견상 구별하기 어려운 양국 사람이 혼재된 국내 상황에서, 치안 유지에 방해가 되는 조선인의 등장을 우려한 것이었다. 일본 본토에서 조선인이 이방인임을 분명히 구분하는 표지였다.

유학생과 노동자들은 내사內査를 붙여 감시당했고, 때로는 구금되어 고문당했다. 합병 이후 조선인을 일본 국적으로 편입한 후 일본 정부는 '내선일체'의 슬로건을 걸고 융화를 설파했으나 그것은 허울뿐이었다.

한편 '외지' 조선에서 조선총독부가 맡은 과제는 '불순분자(불량)'와 '선량'을 식별하는 일이었다. 한일병합 10년을 목전에 두고 일어난 3·1운동은 총독부의 통치 방침을 바꾸게 했다. 병력을 배경으로 한 '무단통치'에서 보다 유화적인 '문화통치'를 통해 조선인들의 저항심을 달래고자 했다.

서울 탑골공원의 3·1운동 부조(필자 촬영).

한일이 함께 풀어야 할 역사, 관동대학살 ──●

'선도주의'의 역수입

조선총독부의 정무총감 미즈노 렌타로水野錬太郎는 이 개혁을 단행하며, 조선인에 대한 경찰의 태도를 완화하도록 지시했다. '선도善導주의'라 불리는 이 방식에 대해 당시의 경찰 관료였던 다나카 다케오田中武雄는 조선 민족의 반항심은 도저히 억누를 수 없으므로 "조선인을 본보기로 최대한 조선인이 만족하도록" 통치해야 했다고 훗날 회고했다.

1920년 4월 25일 자《동아일보》 사설에서도 일본 관료들이 3·1 운동을 계기로 "매도질책呵罵叱責(무단통치)"을 일삼던 태도를 "온언화경溫言和敬(문화통치)"의 기조로 바꾸었다고 언급했다.[23]

이 '선도주의'는 일본 본토로 역수입되었다. 조선인 유학생이 많이 살고 있던 도쿄 니시칸다西神田署 지부 경찰서 서장 가가오 수미타로加々尾橙太郎는 정무총감인 미즈노 렌타로와의 면담에서 "조선인을 어루만지고 충분히 그들에게 상냥하고 친근감 있게 대할 방침"임을 주장하며, 경찰서 내에 '조선인 상담부'를 신설했다고 밝혔다.[24]

1921년 특별고등경찰과 내에 '내선고등계'가 설치되어 조선인의 취업과 취학, 주거, 의료, 결혼 등의 상담창구가 개설되었다.

[23] 〈대정 후기 "일본 국내 재류 조선인"에 대한 "선도"주의적인 정책의 논리와 실태〉,《연보 정치학》58권 2호, 니혼세이지갓카이日本政治學會, 2007, p. 165.

[24]《시사신보》, 1919년 11월 19일 자.

초대 계장인 코모다 사다야수薦田定保는 "상습적인 불령선인에게
는 강력한 단속과 압박을 가하되" 그렇지 않은 조선인은 "선도'
로 대하겠다"는 방침을 밝혔다.[25]

'선도주의'의 좌절

그러나 '선도주의'가 반드시 조선인 통치의 주류 정책이 된 것은
아니었다. '엄벌주의'를 지향하는 사법부 방침과도 충돌했으며,
오히려 조선인의 민족의식을 고양시키는 게 아니냐고 의심하는
이들도 적지 않았다.

조선의 무단통치 정책을 거듭 비판한 요시노 사쿠조吉野作造 역

일본의 식민지 정책을 비판한 정치학
자이며 '다이쇼 데모크라시'의 이론적
인 지도자였던 요시노 사쿠조. 요시노
사쿠조, 《한담의 한담》, 쇼모쓰텐보샤
書物展望社.

[25] 《조선경찰신문》, 1921년 9월 10일 자.

시 "('선도주의'는) 본인의 요구와 본인의 필요를 깊이 생각하지 않는 불필요한 보살핌"이라고 지적했다. 침략자에게 일방적으로 받은 '괄호 안의 자유(형식적 자유)'를 피지배자가 기꺼이 받아들일 리가 없다는 입장이었다.

또한 언뜻 보기에 이성적이며 융화를 지향하는 이 '선도주의'에는 커다란 모순이 있었다. '선량'으로부터 '불량'을 식별하기 위해서는 항상 '선량'을 경계하고 감시해야 했기 때문이다. '불량'과 '선량'을 구별하기 위한 그들의 구상과 식민지배 논리는 곧 좌절되고 만다. 양자의 경계가 모호해져 식별이 더 곤란한 상황이 벌어졌기 때문이다.

7
허위로 부풀려진 증오와 공포

허위로 과장된 '불량조선인' 이미지

조선인 차별과 대우를 둘러싼 혼란 속에서 몇 가지 중대한 사건이
발생했다.

1921년 11월 4일, 하라 다카시原敬[26] 총리가 도쿄역에서 암살
됐다. 범인인 나카오카 료이치中岡良一를 붙잡은 경찰이 "너, 조선
인이지" 하고 단정했는데, 사건을 보도한 《오사카아사히신문》 호
외가 "하라 수상, 조선인에게 찔려 도쿄역 앞에서 쓰러졌다"는 오

---

[26] 하라 다카시(1856~1921). 신문기자 출신으로 이노우에 가오루, 무쓰 무네미츠
등의 눈에 들어 외무성, 농상무성 등에서 활동하다가 이토 히로부미가 입헌정
우회를 조직하자 참여해 내무대신 등을 역임했다. 1918년에 정권을 수립, 국방,
산업, 교통, 교육 분야에서 적극적인 정책을 추진했다. "평민재상(=수상)"이라고
불려 정당정치의 기반을 닦았다. 1921년(다이쇼10) 도쿄역에서 암살당했다.

보를 내보냈다.

그리고 같은 해 6월에는 시내 전철의 운전사였던 조선인 이판능이 일본인을 살해한 사건이 발생했다. 이씨는 도쿄 히가시오쿠보東大久保에서 함께 살던 동료 일가족과 상사 일가족을 살해한 후 통행인을 습격하는 등 17명을 살해하고 체포되었다.

이씨는 1심에서 무기징역을 선고받았으나, 일본인 동료로부터 심한 괴롭힘 등의 차별을 당했다는 등의 동기가 정상 참작되고 범행 당시 심신 쇠약 상태였다는 점이 고려되어 항소심에서 징역 7년으로 감형되었다.

그러나 당시 경시청 총감이었던 아카이케 아츠시赤池濃는 이

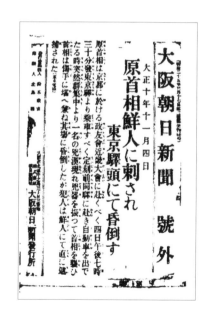

하라 다카시 총리 암살 사건 관련 신문 기사(《오사카아사히신문》 호외).

사건으로 인해 도쿄 사람들이 "조선인이라면 한없이 무서워한다"며 대지진 당시 조선인 학살의 원인과 결부시켰다.[27]

대중들 사이에서 '불량조선인'의 이미지는 허구와 뒤섞여 풍선처럼 부풀어올랐고, 이 분위기는 관동대지진 직전에 도쿄를 뒤덮고 있었다.

오해를 산 일본인

지진 재해의 혼란 속에서 이유 없이 살해당한 이들이 조선인과 중국인뿐만은 아니었다. 많은 일본인 역시 피해를 면치 못했다. 연출가 센다 코레야千田是也의 증언은 잘 알려진 일화이다.

안뜰과 바깥뜰을 이은 도로 쪽에서, 등불이 늘어서 이쪽을 향해 걸어오는 것이 보였다. '아, 불량조선인!'이라고 생각하며 그 방향으로 걸어가고 있었다. 갑자기 나는 허리 부분을 한 대 얻어맞았다.……그러다가 어느 순간 등불에 둘러싸여 "이 자식, 자백해!" 하는 말에 들들 볶였다.

나는 연거푸 일본인이라고 호소하며 와세다대 학생증을 보여주었지만, 그들은 믿지 않았다. 흥분한 그들이 도끼와 목검을 휘두르며 "아이우에오 해봐!", "교육칙어를 암송해 봐!" 하고 연달아 요구했다.……이제 더 이상 버틸 수 없다고 느꼈을 때

---

[27] 《자경》, 1923년 12월호.

"아니, 이토 댁 도련님이 아니십니까?" 하는 목소리가 들렸다. 나는 그 말 한마디로 구원받았다.[28]

그는 자칫 '불령조선인'으로 오해받아 죽을 뻔했지만 그렇지 않았다면 자신이 가해자가 되었을지도 모른다고 고백했다. 센다 코레야라는 필명은 그때의 일에 대한 자성의 의미를 담아 '센다가야(지명)의 코리안'이라는 의미에서 지었다고 한다.

자경단이 사용한 식별법

말하자면 센다 코레야는 불충분한 '조선인 식별법'으로 살해당할 뻔했다. '아이우에오'와 '교육칙어', '역대 천황 이름 부르기' 등을 시킨 것은 상대방에게 관련 지식이 있는가를 확인하는 것일 뿐, 일본인인가 아닌가를 식별하는 방법으로는 불확실하다. 그에 비해 "주고 엔 고주 센"은 매우 교묘하다. 학살 사건의 목격자 증언 중에는 자경단이 사용한 이와 비슷한 사례의 식별법이 종종 등장한다.

이를테면 담배를 보여 주고 '밧バット'(담배 이름 중 하나인 '골든밧')으로 읽지 못해 일본도에 살해당한 사례도 있다. 또 도로 변에 방울을 단 밧줄을 설치해 방울이 울릴 때 뛰어나가 '사시스세소, 바

---

[28] 니시자키 마사오 편, 《증언집 관동대지진의 직후 조선인과 일본인》, 치쿠마문고 筑摩文庫, 2018.

자경단이 비상경계하며 통행인을 검문하는 모습. 미스즈쇼보みすず書房《현대사 자료 4 관동대진재와 조선인》 속 삽화).

니시자키 마사오 편, 《증언집 관동대지진 직후의 조선인과 일본인》, 치쿠마문고筑摩文庫, 2018.

비브베보'를 말하도록 시키거나 '십오 엔'을 '일 엔'이나 '십 엔'으로 변형한 사례도 있다.

대부분 어두의 첫소리가 탁음으로 발음되지 않는다는 조선어의 규칙을 역으로 이용한 내무성의 〈식별 자료〉에 적힌 방법과 동일했다. 민중들 자신이 직접 결성한 자경단은 어떻게 이 방법을 알고 있었던 것일까. 거기에는 3·1운동의 그림자가 서려있다.

3·1운동의 심리적 외상

1922년까지 조선총독부에서 통치 개혁을 추진한 미즈노 렌타로는 관동대지진 발생 당시에는 내무대신(내무부 장관)으로 재임하고 있었다. 경시청 총감이었던 아카이케 아츠시의 전직 또한 조선총독부의 경무총감이었다. 게다가 도쿄도 부지사인 우사미 가쓰오宇佐美勝夫 또한 앞서 조선총독부의 내무장관을 역임했다.

재해지의 치안을 담당하는 요직에 있던 세 사람은 조선에서 겪은 심리적 부담을 공유하고 있었다. 그것은 3·1운동의 진압을 위해 비무장한 조선 민중에게 총구를 겨눈 경험이었다. 지진 당시 '불령조선인의 습격'이라는 유언비어는 조선에서의 기억을 소환하게 했는지도 모른다.

8
학살을 담당한 자경단의 원류

3·1운동과 자경단

3·1운동과 관동대지진을 잇는 실타래는 그것만이 아니다. 자경단과 재향군인회도 그중 하나이다. 1919년 3월 1일 경성에서 독립운동이 일어나자 조선 각지의 일본인 거류지에서 '자경단'이 결성되었다. 조선 전역에서 일어난 운동에 대응하기에 군경의 수가 부족했기 때문에, 무장한 자경단이 그 공백을 메우는 역할을 맡은 것이다.

경비력이 부족한 지방에서 이들을 활용하는 것은 좋은 수단임이 틀림없다(《1919년 조선 소요 사건의 상황》)고 헌병 대장이 독려한 바 있다.[29]

자경단의 구성원을 살펴보면 3월 3일 함경남도 함흥경찰서에 소집된 자경단의 수는 재향군인 75명, 소방단원 40명이었으며, 충청남도와 황해도 등의 지역에서도 재향군인회가 경찰 및 헌병과 협력하여 시위대 진압에 가담했다. 그들의 장비에 관한 상세한 내용은 알기 어려우나 3월 27일 경기도 광주군의 사례를 보면, 군청에 몰려와 돌을 던진 시위대를 향해 재향군인이 발포한 사건 기록이 남아있으며, 3월 20일 경상남도 합천군에서 소방대원이 사냥총을 사용했다는 기록도 확인할 수 있다.[30]

조선총독부가 1918년 12월을 기준으로 조사한 바, 조선에 재류한 민간인이 보유한 총기는 2만 3,384정으로, 구체적인 내역으로 사냥총 1만 7,167정, 군용총 1,775정, 권총 4,222정, 스틱총 166정, 기타 54정으로 기록되어 있다. 이는 일본인 남성 약 88명당 1정, 4가구당 1정이라는 높은 보유율을 의미한다.

'제국재향군인회'의 발족

무장한 민간인과 조선에서의 재향군인회는 깊이 관련되어 있다. 재향군인회는 원래 러일전쟁의 귀환병을 사회로 복귀시키기 위한 구제 활동의 일환으로 만들어졌으나, 1910년 11월 '제국재향군인

---

[29] 이승엽, 〈3·1 운동기 조선 재류 일본인 사회의 대응과 동향〉, 교토대학교 인문학연구소, 《인문학보》 92호, 2005.

[30] 강덕상 편, 《현대사 자료 25 조선 1 − 3·1운동》, 미스즈쇼보みすず書房, 1966, p. 312, 332.

〈자경단 놀이〉, 타케히사 유메지.[31] 《도쿄재난화신》 중에서.

3·1운동의 학살 장면을 새긴 서울 탑골공원의 부조(필자 촬영).

한일이 함께 풀어야 할 역사, 관동대학살 ──●

회'의 발족과 함께 군이 관여하여 전국적인 조직으로 통합되었다. 1918년 오사카에서 벌어진 '쌀 소동米騷動'[32] 때, 미곡상에 대한 습격에 대비해 무장한 재향군인이 시내에서 보초를 담당했다.

조선 각지 13곳에서도 재향군인회 지부가 설치되었고, 그 아래 68개 분회가 결성되었다. 분회 활동은 사격회, 격검(검도 검술) 및 총검 훈련, 수렵회, 지구 수비대와의 합동 야외연습 등으로 군사 훈련과 다름없는 훈련이 이루어졌다.

재조선일본인 자경단은 이 무장 집단인 재향군인회와 소방대를 중심으로 지역의 민간인이 참여해 조직되어 독립운동을 무력으로 진압할 때 활용되었다. 이는 관동대지진 당시 '지진 자경단'의 원형이라 할 수 있다. 유사시 무력을 사용하여 진압하도록 만든 폭력 장치의 일환으로 조직된 재향군인회가 지진 재해의 혼란 속에서 소방대 빛 민중과 연계하여 자위·자경이라는 틀을 넘어 발동한 것이다.

---

[31] 타케히사 유메지竹久夢二(1884~1934). 1900년대 초기에 활약한 일본 화가. 잡지의 삽화를 주로 그렸으며 일러스트레이터의 선구자로 불린다. 다수의 미인화를 남겼다. 다이쇼 시대의 우키요에 화가로 불리기도 했다.

[32] 1918년, 동해에 인접한 도야마현의 작은 마을에서 쌀가격 폭등에 반대하는 대규모 민중운동이 일어났다. 민간인들이 미곡상과 부잣집, 경찰서 등을 습격하며 전국 각처로 퍼진 운동이다. 이후 나고야, 오사카, 교토, 도쿄 등의 대도시에서도 생활고에 시달리던 민중들의 단체 행동으로 이어졌다.

주객이 전도된 유언비어

3·1운동의 진압 행위와 관동대지진의 학살 행위는 분간하기 어려울 정도로 유사하다. 아래는 1919년 당시 경성(서울)에 살았던 윤치호의 일기 일부이다.

일본의 군대와 헌병, 경찰, 인부들이 찌르고 쏘고 발로 차고 주먹으로 때리고 칼로 베고 곡괭이를 휘두르는 등 잔인한 행위를 저질렀다(3월 28일).[33]

일몰 후에 조선인이 거리로 나가는 것은 매우 위험하다. 아무 경고도 없이 경찰과 헌병, 일본인 인부들이 칼로 찌르거나 방망이로 때려 맞아 죽을지도 모르기 때문이다(3월 30일).

윤치호는 이러한 잔혹한 행동 뒤에 총독부가 있다는 것을 간파하고 있었다.

당국은 곡괭이와 방망이, 칼로 무장한 일본인 인부들에게 '만세' 집단을 공격하게 하는 비열하고 잔인한 방법을 자행하고 있다(3월 26일).

---

[33] 〈윤치호 일기〉,《현대 코리아》444~476호, 현대코리아연구소, 2004~2007.

1920년 12월에 출간된 박은식의 《조선독립운동지혈사》에도 "독립운동 참가자에 대한 만행"으로 "소방대원이 갈고랑이를 쥐고 남녀노소 가리지 않고 사람만 보면 마구 공격했다", "2~3명이 길에서 대화를 나누고 있어도 까닭 없이 쇠몽둥이로 마구 때렸다", "일본 경찰서는 이런 흉악범에게 쇠몽둥이, 쇠갈고리, 가위 등의 흉기를 제공하여 임의로 조선인을 살상하는 데 이용했다"는 등 무장한 자경단의 폭력 행위가 열거되어 있다. 이는 곧 대지진 재해 때 민간 자경단의 잔인한 만행을 예견한 것이기도 하다.

　　같은 책 13장에는 일본인이 조선 각지의 우물에다 독을 투척하고 식품에 독을 섞은 사건에 대한 기록도 있다. 관동대지진 당시 "조선인이 우물에 독을 넣었다"는 유언비어가 퍼진 것은 주객이

윤치호(왼쪽)의 당시 일기를 보면 관동대지진 학살 행위 뒤에는 총독부가 있다는 것을 간파하고 있었음을 알 수 있다. 박은식(오른쪽)도 그의 저서 《조선독립운동지혈사》에 자경단의 폭력 행위를 열거했다.

전도된 표현이었다.

가해자의 피해자 행세

이 전략은 강간에 관한 '유언비어'로도 나타났다.[34] 경시청과 가나
가와현 경찰부의 자료에 따르면 불령조선인이 부녀자를 성폭행
하고 살해했다는 소문은 대지진 다음 날인 9월 2일, 요코하마 인
근에서 출현했고, 단숨에 확대되어 보도되었다. 정부가 유언비어
의 내용을 부정한 5일 이후에도 각 신문사는 오보를 그대로 내보
냈다. 그러나 실제로 강간과 폭행을 당한 것은 조선인 여성들이
었다.

> 배가 갈라진 임산부의 시신이 있었다. 그 외에도 음부에 죽창
> 이 꽂힌 채 죽은 처참한 여성의 시신도 있었다.[35]

> 일본인의 조선인 부인이 가까운 야산에서 겁탈당하고 학살되
> 었다.[36]

---

[34] 김부자, 〈관동대진재 시의 '강간범 신화'와 조선인 학살 관련 사료와 신문 보도
를 중심으로〉, 《관동대지진 당시의 '강간범 신화'와 조선인 학살》, 오하라사회문
제연구소大原社會問題研究所 잡지 제669호, 호세이대학 오하라사회문제연구소,
2014.

[35] 다카나시 테루노리, 《관동대지진 체험기》, 아토미 그룹アトミグループ, 1974, p.
43.

요츠기바시에서 살해된 시신을 여러 사람이 보았다. 그중에
여자도 2~3명 있었다. 여자는……말할 수 없을 정도로, 끔찍
했다.[37]

증언을 일일이 열거할 겨를도 없으며 인용을 망설일 정도로 처
참한 내용이 많다.[38] 유언비어에는 이처럼 주객이 전도된 내용이
많은데, 가해자가 피해자 행세하는 모습은 현대 사회를 사는 우
리에게도 익숙한 풍경이다.

[36] 고토 준이치로·니시자키 마사오 편,《관동대지진 조선인 학살의 기록》, 겐다이
쇼칸現代書館, 2016, p. 95.

[37] 호센카 편저, 증보 신판,《바람이여 봉선화의 노래를 싣고 날아라》, 고로카라ㄱ
ㅁカラ, 2021. p. 56

[38] 자세한 증언 내용은 니시자키 마사오 편,《관동대지진 조선인 학살의 기록》, 겐
다이쇼칸; 니시자키 마사오 편,《증언집 관동대지진 직후 조선인과 일본인》, 치
쿠마문고 참조.

9
일본 문단의 작가들이 본 조선인 학살

조선인 학살이라는 전대미문의 참극은 작가들의 눈에 어떻게 비쳤을까. 그리고 어떻게 그려졌을까. 당시 작가들이 남긴 재해의 스케치는 많지만, 거기에는 문단 작가의 한계 역시 드러난다.

진재문학

근대국가 일본이 최초로 경험한 대지진은 '진재震災문학'이라는 새로운 문학 양식을 만들었다. 대부분은 일기, 수기, 르포르타주(기록문학) 형식을 취하고 있는데, 작가들의 일기와 수기에는 이재罹災 체험과 보고 들은 학살의 기록들이 곳곳에 등장한다.

먼저 시가 나오야志賀直哉[39]의 일기 《진재문안震災見舞》에 나오는 기록이다.

마침, 내 앞에 자전거를 타고 온 청년과 작업복을 입은 청년이 서서 이야기를 나누고 있었다.……"조선 사람이 뒤쪽으로 달아났다고 하길래 바로 칼을 들고 쫓아갔는데 조선인이 아니었던 거야.……근데 이런 기회가 아니면 사람을 죽일 일이 없을 것 같아서 결국 베고 말았어." 두 사람은 웃으면서 말했다.

노가미 야에코野上弥生子[40]의 일기에는 이렇게 적혀있다.

조선인을 죽인 피로 오미쿠라 다리 밑의 물이 빨갛게 변해 발도 못 씻었다는 이야기.

다야마 가타이의 무용담

그 외에도 이즈미 교카泉鏡花, 마사무네 하쿠초正宗白鳥, 아쿠타가와 류노스케芥川龍之介, 타니자키 준이치로谷崎潤一郎, 사타 이네코佐多稲子 등 많은 작가가 이재 체험을 글로 썼지만, 모두가 조선인 학살에 분노하거나 비난했던 것은 아니다.

[39] 시가 나오야(1883~1971). 1910년 문예잡지《시라카바白樺(자작나무)》창간. '시라카바파'로 불리는 자연주의 문학의 기수로 주목받았다. 수많은 단편소설을 썼는데 이해하기 쉽고 간결한 문체가 문장가의 모범이라 하여 '소설의 신'으로 불렸다.

[40] 노가미 야에코(1885~1985). 정치, 사회와 인간의 삶을 함께 그려낸, 스케일이 큰 작품을 많이 남겼다. 100세에 생을 마감할 때까지 쉴 새 없이 글을 쓰는 등 창작 의욕이 넘친 것으로 유명하다.

기행문의 대가 다야마 가타이田山花袋[41]는 일찌감치 1924년 4월에 단편집인 《도쿄진재기》를 출간했다. 이 작품에서 '조선인 사냥'을 비판적으로 다루고 있지만, 잡지 《중앙공론》의 편집자였던 기자키 마사루木佐木勝의 일기에는 이런 기록이 남아있다.

9월 11일, 기자키는 지진 체험에 대한 글을 의뢰하려고 신주쿠에서 다야마 가타이의 집이 있는 요요기까지 걸었다. 도착해 보니 집도 멀쩡하고 당시 51세였던 가타이 역시 매우 건강한 모습이었는데, 조금 다른 말을 했다고 한다.

조선인들이 우물에 독을 뿌린다는 소문을 듣고 크게 분개한 바 있는 다야마 씨는 어느 날 밤, 자경단에 쫓기던 한 조선인이 가타이 씨 집 마당으로 몰래 들어와 마루 밑에 숨은 걸 발견했다. 그는 자신이 그놈을 직접 끌어내 때려눕혔다고, 자신의 무용담을 말했다.[42]

---

[41] 다야마 가타이(1871~1930). 프랑스 작가를 일본에 소개하는 등 문단 입문 이후 러일전쟁의 종군 체험을 한 뒤 사회와 어느 정도 거리를 두었다. 사생활을 대담하게 묘사하는 등 독특한 문학 세계로 알려져 있다. 만년에는 불교에 심취하여 체념을 주제로 삼은 작품을 남겼다.

[42] 기자키 마사루, 《기자키 일기木佐木日記》 하下, 주오코론신샤中央公論新社, 2016, p. 117.

시마자키 도손의 애매한 대답

한편 소설은 일기에 비하면 비교적 적다. 가장 빠른 시기에 소설을 발표한 작가는 시마자키 도손島崎藤村[43]이다. 그는 대지진 약한 달 후인 10월 8일부터 22일까지 《도쿄아사히신문》 석간에 〈아들에게 보내는 편지〉라는 제목으로 총 10회 분량의 소설을 연재했다. 첫 회에 다음과 같은 장면이 나온다.

그때 나는 평소 보지 못한 낯선 사람들이 줄지어 흰옷 입은 경찰들에게 에워싸여 롯폰기 방면에서 마을을 지나가는 광경을 목격했다. 키 큰 체격, 뾰족한 광대뼈, 긴 얼굴형, 특징적인 눈매 등으로 100명 남짓한 그 일행이 어떤 사람들인지 금방 파악할 수 있었다.

대지진에서 살아남아 학살을 피한 조선인 대부분은 재난 현장을 떠나 피신했다. 그러나 그들이 머물던 피신처에도 유언비어가 난무했기 때문에 많은 조선인이 박해를 피해 귀국할 수밖에 없었다. 그 수는 총 4만 명이 넘어, 지진 발생 전에 파악한 재일조선인

---

[43] 시마자키 도손(1872~1943). 처음에는 유럽 문학의 영향을 받아 시인으로 문단에 입문했지만 결혼을 계기로 소설을 쓰기 시작해 자연주의 작가로 명성과 지위를 얻었다. 프랑스 유학을 계기로 일본의 전통적 가문제도의 억압과 근대적 자아의 대립을 다루는 작품을 다수 발표했다.

요요기 자택에서의 다야마 가타이.
《다야마 화백집》, 가이조오사改造社.

1925년경의 시마자키 도손.
《시마자키 도손집島崎藤村集》, 신초사新潮社.

인구의 약 절반에 달했다. 작가가 목격한 것은 바로 그런 조선인
들이었다.

그 사람들이야말로 지금으로부터 30여 일 전에는 시민들의
눈에 정말 끔찍한 유령으로 비친 것이다.

그러나 그는 어떤 연유로 이렇게 애매하게 쓴 것일까. 연재를
시작할 무렵 조선인 학살에 관한 언급은 아직 언론 보도의 규제
아래 있었고, 해금된 시점은 연재가 종료되기 직전인 10월 21일
이었다. 시마자키 도손은 그 이튿날 마지막 회에서 다음과 같이
썼다.

롯폰기 어귀에서 어슬렁거리다 의심받아 칼에 찔린 사람에
대해 나중에 이야기를 들어보니 틀림없는 동포(일본인; 편집자
주) 청년이었다는 이야기였다. 어느 청년은 목소리가 낮다는
이유로, 불려가도 대답이 분명치 않다는 이유로, 그리고 초저
녁 거리를 서둘러 뛰어갔다는 이유로 의심받아, 쌍심지를 켜
고 마을을 경계하던 사람들에게 쫓겨 그렇게 비참하게 죽었
다고 한다.

보도 통제가 풀리고 나서야 마침내 이 정도로 쓸 수 있게 되었
다고 봐야 할 것이다.

아쿠타가와 류노스케 등 작가의 한계

아쿠타가와 류노스케芥川龍之介[44]는 대지진 이듬해인 1924년 6월 《선데이마이니치》 여름 특별호에 〈모모타로〉를 발표했다. 앞서 수필을 몇 편 발표한 적 있는 그는 계엄령 당시의 유언비어와 조선인 학살 사건에 관한 의견을 슬며시 드러낸 바 있다. 〈대진잡기〉에 실린 친우 기쿠치 간菊池寛[45]과의 대화에서 '선량한 시민'으로 가장한 '불령선인(복자 처리)'의 음모를 탓하며 기쿠치를 힐책한 것이다. 그리고 자신이 자경단에 속했던 사실을 토로한다. 다만 유언비어에 관한 모든 대화는 은유적으로 다루는데 수사법 속에 모든 진의를 감추는 듯한 표현을 쓰고 있다.

단편 〈모모타로〉는 원령(혼령)을 평화주의자로, 모모타로를 침략자로 설정한 패러디물이다. 줄거리는 대략 다음과 같다.

---

[44] 아쿠타가와 류노스케(1892~1927). 자연주의 문학을 극복하려는 예술지상주의적인 문학의 흐름을 새롭게 개척하였다. 관동대지진 이후 예술의 자율성을 지키면서도 사회주의 문학에 관심을 갖고 폭넓은 문학 세계를 구축할 가능성을 보여주었다. 그러나 1927년 수면제를 복용하고 생을 마감했다. 이후 일본 문학사에 지대한 영향을 끼쳤으며, 현재 일본 문단 최고의 영예라 부르는 아쿠타가와상은 그를 기리는 문학상이다.

[45] 기쿠치 간(1888~1948). 주제가 명확한 소설을 썼으며 극작가로도 활약했다. 잡지 《문예춘추》를 창간하고 문예가협회를 설립했고, 아쿠타가와와 같은 고교 출신으로 아쿠타가와상과 나오키상 등의 문학상을 만들어 문단 발전에 크게 공헌했다.

"무단주의의 개(초고)", "지진학에 통달한 꿩", "귀신의 딸을 목 졸라 죽이기 전에 반드시 능욕할 것을 바라는 원숭이"와 함께 주인공인 모모타로는 "온갖 죄악을 자행하고" 귀신 섬에 살고 있는 "죄 없는" 귀신을 죽인 후 고향으로 귀환한다. 그러나 도깨비 청년들은 "귀신 섬의 독립을 도모할 작정으로 야자 열매에 폭탄을 숨겨" 모모타로의 집을 습격한다.

두말할 필요도 없이 3·1운동에서 관동대지진에 이르기까지 일본인과 조선인의 긴장 관계를 표현하는 작품이다. 전래동화를 패러디한 형식의 단편인 탓에 큰 주목을 받지는 못했다.

발표 당시 아쿠타가와를 비롯한 작가들은 여전히 당국에 대해 신경 써야 했으며 표현과 검열 문제에서도 경계를 늦추지 않은 게 분명하다. 보도 규제가 해제된 후에 내무성이 "유언비어는 사실이 아니다"라고 인정했음에도 일반 국민에게는 널리 알리려 하지 않았다. 신문은 '학살은 불령조선인의 폭동'에 대한 자위적 행동이었다는 취지의 기사를 계속 내보냈다. 도쿄에 계엄령이 내려진 상황에 공개적으로 당국을 비난하거나 저항적 태도를 드러내는 문단 작가는 존재하지 않았다.

10
소설가 나카니시 이노스케의 도발

환영으로서의 '불령선인'

조선인 학살 사건을 정면에서 다룬 작품은 아키타 우자쿠秋田雨雀의 〈해골의 무도〉, 에마 슈의 〈기적〉, 〈양들이 분노할 때〉 등 프롤레타리아 문학으로 분류된 매우 소수의 작품군이다. 앞서 다룬 쓰보이 시게지의 〈십오 엔 오십 전〉은 기념할 만한 작품 중의 하나이다. 그러나 모두 발매금지 처분을 당하거나 복자투성이인 채로 게재되었다. 그런 상황에서 나카니시 이노스케는 잡지 《부인공론》을 통해 학살의 부당함을 정면으로 거론했다.

여태 조선 국토의 수려함, 예술의 선과 미, 민중 정서의 우아함을 소개하는 보도 기사를 거의 본 적이 없다고 해도 과언이 아닙니다. 대신 폭탄, 단도, 습격, 살상 등 온갖 끔찍한 단어를

나열하며 소위 '불령조선인'(요즘은 '불평조선인'이라는 호칭으로
바뀐 신문도 있습니다)의 불온한 행동을 보도합니다. 그것도 신
문기자의 억측이 섞인 과장된 표현을 동원해서.

만약 아직도 옛 조선에 대해 혹은 현재의 조선과 조선인에 대
한 지식과 이해가 없는 사람들, 특히 섬세한 감정을 지닌 여성
이 이런 일상적인 기사를 읽었다면 조선은 산적들의 소굴인 나
라이며 조선인은 맹호와 같은 존재로 여기지 않을까 싶습니다.
조선인은 사려 없는 저널리즘의 희생양이 되어 일본인의 일상
적인 의식 속에서 검은 공포의 환영으로 각인되고 있는 것입니
다.……저는 감히 묻습니다. 이번에 일어난 조선인 폭동에 관
한 유언비어는 이러한 일본인의 잠재의식이 자연스레 폭발한
것이 아니었는가. 이 검은 환영에 대한 이유 없는 공포심 때문
이 아니었는가〈조선인을 위해 논한다〉, 《부인공론》, 1923).

나카니시 이노스케의 소설 〈불령선인〉

나카니시는 조선으로 건너가 신문기자로 일하다가 1922년 2월
자전적 소설인 〈붉은 흙에 싹트는 것〉을 발표했다. 작가로서 갓
출발한 때였다. 〈불령선인〉은 뒤이어서 발표한 작품으로 같은 해
9월 잡지 《개조》에 실렸다. 3·1운동 이후 항일세력의 지도자를
만나기 위해 조선 북부를 여행하는 일본인 청년의 여정을 그린 소
설이다. 조선을 배경으로 조선인을 전면에 등장시킨 나카니시의
이 작품들은 당시 새로운 양식으로 평가받기도 했다.

〈불령선인〉은 자칭 '세계주의자'인 우수이 에이사쿠가 '불령선인'과 마음을 터놓고 대화하고 싶다는 기대를 품고 조선을 방문하는 내용으로 시작한다. 그는 조선 서북쪽에 있는 '불령선인의 소굴'을 방문하는데, 조선인 통역사와 같이 방문한 그 집에서 집주인에게 대단한 환대를 받는다. 함께 술을 마시며 이야기를 나누는 사이 주인은 경성에서 여학교를 다녔다는 딸의 유품을 가져와 에이사쿠에게 보여준다. 낡고 더러워진 한복이었다.

"옷이 더럽혀진 건 딸이 흘린 피 때문이에요." 주인이 말했다.
그의 딸은 3·1운동 때 일본군의 총을 맞고 죽었다고 했다.

밤이 깊어 에이사쿠가 혼자 방에 누워있다가 주인이 방으로 몰래 들어온 것을 알아채게 된다. 에이사쿠는 자는 척하며 속으로 "원수 같은 일본놈"으로 해코지를 당하는 것이 아닌가 하는 예감으로 몸을 떨었다. 결국 집 밖으로 달아난 에이사쿠는 멀리서 나는 괴상한 울음소리를 듣게 된다. 그는 '불령선인'의 습격임을 확신했지만, 통역사는 "저건 올빼미가 우는 거예요"라고 말했다. 그때 방문이 활짝 열리며 주인이 나왔다. 그러고는 "변소, 어디 있는지 아세요?" 하고 물었다. 에이사쿠는 그제야 주인이 몰래 방에 숨어든 이유를 알았다. 짐꾸러미를 뒤져 사람을 해칠 만한 무기가 있는지 확인하려 한 것이다. 주인은 그저 자신을 보호하려 했을 뿐이었다.

나카니시 이노스케(《신흥문학전집 2》, 헤이본샤). 프롤레타리아 문학 작가인 나카니시 이노스케中西伊之助의 소설에 묘사된 '불량조선인'은 테러리스트의 환영에 가깝다. 작가는 그것이 가해자의 공포심에서 태어난 실체 없는 괴물이라는 것을 간파했다.

〈붉은 흙에 싹트는 것〉.

모두 일본이 짊어져야 할 죄

이 작품에는 끝내 '불령조선인'이 등장하지 않는다. 모두 주인공의 마음속에서 일어난(일어나지 않은) 사건에 불과했다. '불령선인'은 의심과 불안 속에서만 존재했을 뿐이다. 에이사쿠는 꿈속에서 주인에게 비난받는다.

> "인류애, 좋아하네. 뭐가 세계시민이야! 이것 좀 봐, 좀 보라고!"……주인은 피투성이가 된 딸의 한복을 떨리는 손으로 간신히 부여잡고서 그의 얼굴 앞에다 내밀며 상처 입은 맹수처럼 포효했다.

에이사쿠는 공포에 질려 공황 상태가 되었다. 그것은 '불령선인의 소굴'에 뛰어든 공포심 탓이기도 했지만 동시에 가해자로서 보복당할 수도 있다고 처음으로 자각했기 때문이었다. 다음 날 아침, 그는 주인에게 정중하게 고개를 숙였다. "모든 것이 우리 민족이 짊어져야 할 죄"라는 생각에 에이사쿠는 숨이 멎을 것 같았다.

11
'불령선인'은 어떻게 만들어졌나
─저항운동과 간도 파병

데라우치 총독 암살 미수 사건

앞서 살펴본 대로 3·1운동이 일제의 식민지 조선 지배정책에 미친 영향은 지대했다. 제1차 세계대전과 러시아혁명이 국제 사회를 뒤흔드는 가운데, 중국의 항일운동인 '5·4운동'과 함께 대규모의 항쟁은 세계적인 뉴스가 되었다.

일본 본국에서는 '만세 사건', '소요', '폭동' 등으로 축소해 보도했으나, 이 무렵 식민지 지배정책의 재검토를 촉구하는 논조가 많아졌다. 일본 민중은 조선인이 식민지배에 격렬한 반감을 품고 있다는 사실을 비로소 인식하기 시작했다.

그렇다면 조선인에게 '불령'이란 꼬리표가 가장 먼저 붙은 사례는 언제였는가? 1912년 2월에 있었던 '데라우치 마사타케寺內正毅 총독 암살 미수 사건'이 최초라 할 수 있다. 말하자면 이는 조선총독부가 날조한 사건으로 "불령不逞(불온)[46] 사건을 통해 본 조선인"이라는 문서가 이때 작성되었다. 나아가 '선인鮮人'이란 호칭이 사용되기 시작한 것은 1910년 한일합방 이후이다. 신문에서 "한인(대한제국인)"으로 표기하던 것이 식민지 '조선'이 되자 "선인"으로 바뀌었고 모욕적인 호칭으로 일본 사회에 정착해 갔다.

'불령선인'의 탄생

'불령不逞'과 '선인鮮人'을 조합해 쓰기 시작한 것은 1916년 간도 일본 총영사관의 보고서가 처음이라고 한다.

간도는 조선의 독립운동가들이 가장 많이 망명해 있던 곳으로 조선−중국−러시아의 국경지대에 자리하고 있다. 두만강 북쪽 지역, 지금의 지린성吉林省 옌볜 조선족 자치주 일대를 주로 가리킨다. 전통적으로 조선의 개척민이 정착해 살던 지역으로, 일본의 침략 이후 이 지역으로 망명한 조선인의 수가 점점 늘어났다. 1925년 자료에 따르면 간도 지역 43만 명의 인구 중에서 조선인이 차지하는 비율은 80퍼센트였으며, 30여만 명의 조선인이 거주하던 간도 지역에는 많은 학교와 서당, 교회가 세워졌다.

간도 지방에서 조선인을 추방한 근거로 사용한 명분이 '불령선

---

[46] '不逞'이라는 표현을 제목으로 쓸 경우 '불령'으로 번역하였으나 사례에 따라 '불순', '불온'으로 표기할 수 있다. '不逞 사건'을 불온 사건으로 표기하는 것이 적절할 수도 있다(역자 주).

조선총독부 초대 총독에 취임한
데라우치 마사타케 (1852~1919).

옌볜延邊 조선족 자치주
용정시에 있는 옛 간도
일본 총영사관의 건물(이
시마루 지로 촬영).

한일이 함께 풀어야 할 역사, 관동대학살 ────●

인'이었다. 이 용어를 일본 본국 신문사들이 가져다 쓰면서 일종의 유행어가 되었다. 간도 출신인 항일 독립운동가들이 속속 배출되어 각처에서 활동했다. 1919년 9월 2일 남대문에서 3대 총독으로 서울에 갓 부임한 사이토 마코토斎藤實가 탄 마차에 폭탄을 투척한 암살 미수 사건이 있었다. 1920년 2월에는 러시아 아무르 강 하구의 항구도시인 니콜라옙스크에 주둔해 있던 일본군이 주민들과 함께 살해된 "니항尼港 사건"이 일어났다. 전자는 시베리아를 기점으로 활동한 독립운동 조직 '노인단'의 조직원 강우규가 시도한 일이었고, '니항 사건'은 조선인들이 러시아 빨치산과 공동투쟁을 벌인 사건이었다.

　일본 본토에서도 1920년 6월 일본의 황족 나시모토노미야 마사코梨本宮方子(이방자)와 결혼한 왕세자 이구의 암살 계획이 발각됐다. 이는 정략결혼에 분개한 독립운동가 서상한이 주모한 사건이었다. 위 두 사건은 일본 언론에서 절호의 뉴스거리가 되었고 거기에 '불령不逞'이라는 단어가 딱지처럼 붙어 퍼졌다.

"불령선인은 테러리스트"

사이토 총독 암살 미수 사건의 기사에 "일부 불령선인에 의한 유치한 부도덕 행위"(《도쿄아사히신문》), "일부 불령선인의 맹동"(《오사카아사히신문》)이라는 제목이 붙기도 했다. 일본 본국과 조선 할 것 없이 발행된 신문에 '불령선인'이란 제목이 붙은 기사는 1919년 4월 처음 등장한 이후 급증했다. 관련 기사들을 읽어보면 신문과 잡지에서 떠들고 있는 '불령선인'의 정체가 드러난다. 예를 들어 1920년 8월 《요미우리신문》은 거물 독립운동가 여운형의 사진을 크게 싣고 "불령선인이 독립운동의 전말/ 암살과 방화 자행/ 흉악하고 가공할 참칭僭稱 정부의 방침"이라는 제목의 기사를 게재했다.

'불령'은 조선인 독립운동가들에 국한해 사용된 꼬리표였다. 같은 시기 일본 사회주의자들에게는 이 단어가 사용된 적이 없으며 대영제국 식민화에 저항한 아일랜드인과 인도인에게는 사용되었다고 한다. 중국의 《춘추좌씨전》에서 유래한 '不逞'은 의미가 크게 바뀌어 제국에 반역하는 '흉악한 테러리스트'를 가리키는 말이 되었다.

간도 파병에 의한 '학살'

1920년 10월 《요미우리신문》은 "성가신 불령선인"이라는 제목의 기사를 연재했다. 총 3회분으로 첫 기사 제목은 "러시아 과격파와 제휴해 우리 관민을 살상"이었다.

> 각지를 습격해 온갖 포학무도를 일삼는……그 집단에는 단순히 마적뿐만 아니라 무장한 불령선인 및 러시아 과격파도 다수 섞여있다(《요미우리신문》, 1920년 10월 9일 자).

간도 지역에서 처음 일어난 무장투쟁의 위험성을 알리는 기사였다. 같은 해 일본은 간도에 군대를 파병하여 대규모 '불령선인

상하이 대한민국 임시
정부 설립에 관여한
독립운동가 여운형
(1886~1947).

간도는 현재 지린성 옌볜 조선족 자치주와 그 주변 지역에 해당한다. 사진은 이도백
하二道白河, 이사마루 지로石丸次郎 촬영.

토벌'을 벌이기도 했다.

간도 파병으로 인한 피해는 어느 정도의 규모였는가. 간도를 영유한 중국 정부가 일본 정부에 손해배상을 청구했는데, 그 내용을 살펴보면 사망자 3,103명, 포로 238명, 강간 76명, 방화 2,507가구, 학교 소실 31개교, 교회 소실 7개였다.[47]

학살은 테러리즘과의 전쟁

조선 독립을 외치는 '불령선인'은 일본의 권익에 반하는 군사적 적대자(도적·토벌대)로 간주했고, 간도 파병은 테러와의 전쟁에서 승리를 위한 '정의'로 자리매김했다. '불령선인'의 섬멸은 으레 정당화되었다. 논단에서는 요시노 사쿠조吉野作造[48]만이 무차별 학살에 대해 "세계의 도덕성 판단의 문제"라고 비판했다.

작가 나카니시 이노스케는 조선을 여행하고 쓴 기행문에서 자

---

[47] 강덕상, 〈일국사를 넘어서〉, 《오하라사회문제연구소 잡지》 제668호, 호세이대학 오하라사회문제연구소, 2014, p. 10

[48] 요시노 사쿠조(1878~1933). 정치학자. '다이쇼 데모크라시'의 이론적 지도자로 불린다. 1909년 도쿄대학 조교수로 부임 후 유럽에 3년간 유학했다. 귀국한 후 주로 잡지 《중앙공론》에 "민본주의를 주장하는 논문을 많이 발표하면서 일약 주목을 받게 됐다. 보통선거제, 정당 내각제를 주장하여 군비축소론과 시베리아 파병 비판, 식민지의 무력통치를 비난하는 등 대정부 비판에 있어 강경한 입장에 섰다. 그가 지도한 학생들은 나중에 "신인회"를 조직하여 요시노보다 더 급진주의적인 주장을 하며 사회주의에 접근하게 됐는데 요시노 자신은 철저한 인민민주주의를 제창하지 않았기 때문에 사회주의자로부터는 비판을 받았다.

신을 "불령일본인"이라 칭했다. 그것은 '불령선인'에 대한 그의 독특한 시선이자 태도 표명이었다. 그러나 나카니시조차 3년 후, 도쿄에서 참극이 반복되리라고는 꿈에도 생각지 못했을 것이다.[49]

[49] 앙드레 헤이그, 〈나카니시 이노스케와 다이쇼시대 일본에서의 불령선인에 대한 시〉, 《리츠메이칸 언어문화연구》 113호, 리츠메이칸대학 국제언어문화연구소, 2011.

12
박해를 두려워한 재일조선인들의 귀환

급속히 진행된 도쿄 재건과 부흥은 시대의 공기를 부정에서 긍정의 분위기로 반전시켰다. 일본 문학에서도 "탈진재"는 가속화되었다. '파괴'에서 '건설'로의 (모드) 전환을 이뤄내며 학살의 기억을 몰아내고 있었다.

문학에서 지워진 조선인 학살

관동대지진으로부터 2년이 지날 무렵 '진재문학'은 시들해졌다. 아쿠타가와 류노스케는 그 이유를 이렇게 언급했다.

> 대지진 재해는……다만 대지의 흔들림 탓에 화재가 일어나고 사람이 죽은 일에 불과하다. 그런 이유로 우리 작가들에게 미친 영향은 그다지 뿌리 깊지 않을 것이다.[50]

도쿠다 슈세이德田秋声[51] 또한 자연스런 현상으로 받아들였다.

마음에서 반짝이는 것을 추구하는 것 외에는 방법이 없다.……근래 잠시나마 가벼운 오락물이 일반 독서계를 장악하는 것도 자연스러운 일이다〈진재 이후의 문학에 대하여〉.

이는 대지진 이후 번성하기 시작한 대중문학의 붐을 예언한 것이다. 빠르게 진행된 도쿄 재건과 부흥은 요코미츠 리이치橫光利一,[52] 가와바타 야스나리川端康成[53] 등 '신감각파'라 불린 작가들에게 적지 않은 영향을 미쳤다. 요코미츠는 "내가 믿어온 아름다움

---

[50] 아쿠타가와 류노스케 〈진재가 문예에 주는 영향〉, 《아쿠타가와 류노스케 전집》, 이와나미서점, 1978, p. 189

[51] 도쿠다 슈세이(1872~1943). 스무 살 무렵 오자키 고요의 문하생으로 들어갔다가 생계를 위해 대중소설을 주로 발표하게 되었다. 여성과의 만남을 계기로 몇 차례 작품세계의 변화가 있었으며 이후 자연주의 문학의 대가로 인정받았다. 가나자와 3대 문호 중 한 사람이다.

[52] 요코미츠 리이치(1898~1947). 1923년 잡지 《문예춘추》에 참여, 이듬해에 가와바타 야스나리 등과 함께 《문예시대》를 창간하면서 '신감각파'의 일원으로 당대 문학계를 이끄는 역할을 했다. 1936년 유럽으로 건너가 서양과 동양의 차이를 깨달으며 그 갈등을 표현한 미완의 대작 《여수》를 집필했다.

[53] 가와바타 야스나리(1899~1972). 1921년 잡지 《신사조》를 창간하며 '신감각파'의 일원으로 문단에 자리매김했다. 《이즈의 무희》, 《설국》 등 일본적인 감성을 유려하게 표현한 작가로 알려졌다. 미시마 유키오의 스승으로 유명하지만 1968년 노벨 문학상을 수상한 후, 1972년 자택에서 극단적으로 생을 마감했다.

에 대한 믿음은 이 불행(관동대지진)으로 순식간에 파괴되었다. 사람들이 이때부터 나를 '신감각파'로 부르기 시작했다"고 회상했다.[54]

대지진 이후 시가지에는 콘크리트로 만든 공동 주택이 들어섰고 거리에는 자동차가 달렸으며 비행기가 하늘을 날기 시작했다.

불에 탄 벌판에 이런 근대 첨단기술이 눈에 띄는 형태로 두드러지기 시작했을 때 청년기 인간의 감각은, 어떤 의미에서든 변하지 않을 수 없다(같은 책).

가와바타 야스나리 역시 대지진 발생 6년이 지난 1929년에 《아사쿠사 쿠레나이단浅草紅団》을 통해 지진 전후 번화했던 아사쿠사의 변모를 새로 고쳐 쓴 〈쇼와의 지도〉[55]에서 제시했다. 이런 작품이 대중의 지지를 얻은 것은 '부정과 긍정', 즉 '파괴에서 건설'로 (모드를) 전환해 가던 당대의 분위기와 맞물렸기 때문이다.

풍경의 소멸이 기억 자체를 지워버리는 것은 아닐 것이다. 그러나 누구나 알고 있어야 할 조선인 학살이라는 잔혹 행위의 흔적

---

[54] 〈요코미츠 리이치집〉, '해설을 대신하여', 《삼대명작전집》, 가와데쇼보河出書房, 1941.

[55] 도에다 유이치의 〈요코미츠 리이치와 가와바타 야스나리의 관동대지진〉에서 인용. 다이쇼시대大正時代 관동대지진 피해에서 쇼와시대昭和時代 수복된 "도쿄의 새로운 모습"을 비유적으로 "쇼와의 지도"라고 표현했다.

1927년에 재건된 다리 중 하나인 도쿄 오차노미즈의 히지리 다리. 《제도帝都부흥기념첩》, 1930년.

가와바타 야스나리, 《아사쿠사 쿠레나이단》.

은 이후 문학사에서 사라지고 말았다.

식민지의 동요

1909년 도쿄 요츠야에서 태어난 나카지마 아쓰시中島敦는 1920년 아버지의 전근에 따라 조선으로 건너가 용산 진조소학교[尋常小学校]로 전학했고, 이듬해 경성중학교에 진학했다. 그는 도쿄로 다시 돌아가 제1고등학교(구제고등학교)에 입학하기까지 5년 반 동안 아직 3·1운동의 여파가 남아있는 경성에서 소년기를 보냈다. 그가 문학에 몰두하기 시작한 때도 경성중학교 시절이었다. 그의 동급생 중에는 후에 식민지 문학의 대명사로 불린 소설《칸나니》[56]의 작가 유아사 카즈에湯浅克衛가 있다.

관동대지진이 일어난 해에 나카지마는 경성중학교 3학년이었다. 그는 그때 조선에서 무엇을 보았을까. 당시 식민지 조선에서는 동요가 일고 있었다. 지진 관련 보도가 조선 사회를 흔들기 시작한 것이다. 조선총독부가 일찌감치 보도를 제한하기 시작했으나 재해 지역에 "불령선인의 폭동"이라는 유언비어가 널리 퍼진 사실을 조선에 있는 신문사들도 이미 알고 있었다.

일본 내각은 일본에 있는 동포의 안부를 묻는 조선인들의 행동을 경계해 내각회의를 열어 시모노세키에서 조선인이 귀환하는

---

[56] 《칸나니カンナニ》는 작가 유아사 카즈에(1910~1982)가 1935년에 발표한 소설로 '간난이'로 더 잘 알려졌다. 초·중학교를 보낸 조선에서의 체험을 바탕으로 3·1운동 때 일본군의 폭력적 진압을 폭로한 내용이었기 때문에 철저히 검열당했다

한일이 함께 풀어야 할 역사, 관동대학살 ━●

것을 차단하는 방침을 내렸다. 총독부도 내무성의 결정에 동조해 조선인의 도일 저지에 나섰다.

일본에서는 가해와 학살을 피해 고국으로 돌아가려는 조선인들이 관부연락선을 타기 위해 시모노세키로 몰려들었다. 그들을 통해 학살 사건이 조선에 알려지는 것을 우려한 총독부는 부산에 '구호사무소'라는 이름으로 수용소를 설치했다. 그리고 귀환한 조선인들을 그곳에 밀어넣었다. 수용소 내에서는 학살 사건에 대한 입막음을 엄격히 시행했다.

피해자의 '정신적 살해'

다음은 귀환한 조선인들을 대상으로 총독부가 정리한 청취 보고서[57]의 내용이다.

- 무차별 학살이 자행되거나⋯⋯조선인이라는 석 자가 그 원인이라는 건 어떻게 보면 개인적인 차원의 문제가 아니라 민족과 민족 간의 문제다.
- 정당방위라며 변명하는 사람도 있지만 이는 완전히 사람들을 기만하고, 특히 조선인들을 바보 취급하는 말이다.⋯⋯조선인의 목숨이 파리 목숨보다 가볍게 취급당한 걸 돌이켜

---

[57] 와타나베 노부유키渡辺延志, 〈피난민 및 지방민의 감상 보고〉, 《역사 인식 한일 간의 깊은 골》, 치쿠마쇼보筑摩書房, 2021, p. 106~107.

THE VIEW OF THE FERRY STEAMER BETWEEN SHIMONOSEKI
AND FUSAN AN CHORED AT THE PIER OF FUSAN HARBOUR.
閣釜定期の船の釜山棧橋に着橋の盛觀

관부연락선 '창경환'이 정박해 있던 1910년대 부산항(엽서).

보면 진실은 저절로 밝혀질 것이다.

- 죽창, 갈고리 같은 걸로 들개를 때려죽이듯 박살내는 광경을
  눈앞에서 본 이상, 사람이라면 사지가 떨리는 게 당연하다.

뜻하지 않는 박해로 생명의 위협을 느낀 바 있는 재일조선인의
마음에는 깊은 상처가 남았다. 다음과 같은 지적도 있다.

- 관료들과 지식층에서는 학살당한 조선인의 수가 소수라고
  주장하는 이들도 많다. 그러나 우리는 피해자가 많고 적음
  을 따지자는 게 아니다.
- 학살의 현장에서 벗어나 목숨을 건진 사람들도 있지만 그것
  은 단순히 "운이 좋았을 뿐이다."
- 도쿄 부근에 살던 조선인들은 모두 일본인에 의해 정신적으
  로 살해당한 것과 마찬가지다《역사 인식 한일 간의 깊은 골》.

그때 일본인은 조선인을 정신적으로 살해했다. 간신히 목숨을
건진 조선인의 정신 또한 죽은 것과 다름 없었다.

13
학살 소식에 동요한 재조선일본인과 총독부

보도 통제 아래 있던 조선에서도 귀국한 사람 등을 통해 학살 소식이 전해졌다. 동요가 이는 가운데 조선에서 현지 조사원이 파견되었다. 비탄에 빠진 분위기 속에서 사람들의 모습을 포착한 작가가 있었는데, 학생 시절의 나카지마 아쓰시[58]이다.

조선에 퍼진 유언비어

앞에서 잠깐 언급한 대로, 조선에 체류하던 일본인 사이에서도 3·1운동 때와 마찬가지로 '자경단'을 조직하는 움직임이 확산됐다. 주목할 만한 점은 일본 본토에서와 똑같은 내용의 유언비어가 조선 내에서 퍼지고 있었다는 것이다.

당시 총독부 경무과장이었던 마루야마 쓰루키치丸山鶴吉의 회고록에 따르면, "조선인들이 수돗물에 독약을 뿌렸다든지, 무장

봉기를 몰래 계획하고 있다든지 하는 유언비어가 돌기 시작했고……부산에서조차 일본도를 들고 수원지水源地를 경호하는 사람이 나타났다."[59]

또 정무총감 아리요시 추이치有吉忠一에 따르면, "조선인 학살 소식에 조선의 민간인들이 분개한 나머지 재조선일본인을 보복 살해하지 않을까 우려하는 목소리도 있었다.……무고한 조선인이 단초가 되어 군중 전체로 폭력이 확산돼 한반도 전체에서 일본인을 학살하는 일이 벌어진다면 2개 사단 병력으로는 절대적으로 역부족이다"라며 "매우 걱정"하는 이들도 있었다.[60]

일본에서 조선인이 느낀 똑같은 공포를 아리요시 일당들도 느끼고 있었다. 위기를 피할 목적으로 마루야마는 9월 18일 자로 조선 전국의 도지사에게 자경단 해산 명령을 내렸다. 함부로 조선인들을 자극하다가 저항투쟁이 일어나면 수적으로 열세인 일본인들의 피해가 막대할 것으로 판단한 것이다.[61]

---

[58] 나카지마 아쓰시(1909~1942). 요코하마고등여학교 교사로 근무하며 《산월기》, 《리릉》 등 중국을 배경으로 한 작품과 전시 상황에서의 지식인의 고뇌와 고독을 주제로 한 작품을 썼다.

[59] 마루야마 쓰루키치, 《50년사 이모저모》, 고단샤, 1934, p. 183.

[60] 〈아리요시 추이치 관계문서〉. 아리요시는 전 조선총독부 정무총감(1922)과 요코하마 시장(1925)을 역임했다. 그와 연관이 있는 자료가 요코하마 개항자료관에 한 묶음으로 소장되어 있다.

[61] 니시무라 나오토, 〈관동대지진에 대한 조선 사회의 반응〉, 《코리아 연구》 10호, 리츠메이칸대학 코리아연구센터, 2019.

경성의 번화가인 혼마치(현 충무로). 일본의 백화점 등도
많이 진출해 있었다(다이쇼 시대의 엽서).

도쿄로 간 조선의 현지 조사단

한편 대지진 직후인 9월 2일 《동아일보》 이상협 편집국장이 재일 거류민의 가족 400명으로부터 안부를 확인해 줄 것을 의뢰받아 일본으로 향했다.

9월 3일 부산에서 시모노세키로 출발해, 5일 오사카에 도착한 이상협은 배를 타고 요코하마로 향했다. 재해지에서 힘써 정보를 수집하던 중 그는 사태의 진상을 파악하게 된다. 9월 13일 제국호텔 148호실에서 외무성 아시아국 제3과장인 쓰보카미 테이지坪上貞二와 전 외무성 통역관이자 신문기자인 코무라 슌자부로小村俊三郞를 만나고 온 이상협은 대지진 당시 조선인 "박해"의 원인을 다음과 같이 정리했다.

- 조선인을 피정복자로 간주해 항상 그들을 멸시하고 하등한 민족으로 보는 습성이 있었던 점.
- 일본 본국의 신문에서 조선인을 항시 독립운동가나 불순분자로만 일본에 소개해 온 점.
- 다수의 조선인 노동자가 도항한 것에 대해 일본인 노동자 사이에서 반감의 정서가 조성되고 있었던 점.
- 민심이 흥분 상태에 있을 때 책임 당국이 유언비어 확산 방지를 위해 노력하지 않은 점(일본 정부 진재 조선인 관계문서, 〈이상협(동아일보사) 담화요령〉, 《현대사 자료 6》).

이상협은 육군 피복공장 터(현 요코아미초 공원)로 피신하다 재해를 입은 조선인이 14~15명에 불과하다는 경찰 담화를 본 후, 지진으로 '압사' 혹은 화재로 사망한 사람이 있긴 하지만 조선인 "대다수는 살해당했다"고 결론을 내린다. 그리고 군과 경찰, 청년단(자경단) 등의 박해 행위는 "완전히 상식을 벗어난 일"이며 일본 정부는 "진심으로 사죄해야 한다"며 "사태의 진상을 진실하게 공표하고" 아울러 "폭력 행위에 가담한 자를 적절히 처벌할 것"을 요구했다.

조선의 통곡을 그린 나카지마 아쓰시의 〈순경이 있는 풍경〉

경성중학교를 졸업한 후 일본으로 돌아간 나카지마는 1926년 4월 제1고등학교(현 도쿄대학 교양학부)에 진학했다. 소설 〈순경이 있는 풍경〉은 늑막염으로 1년 동안 학교를 휴학한 후 《교우회 잡지》 322호(1929)에 게재한 단편소설로, '1923년 한 편의 스케치'라는 부제가 달렸다. 등장인물 중 한 사람인 경성의 매춘부 김동련이 손님에게 신세타령을 한다.

"남편이 죽고 친척도 없어."
어쩔 수 없이 이 일을 한다는 그녀에게 손님은 남편이 언제 죽었는지 묻는다.
"올해 가을이요. 청천벽력이었어요."
"왜, 병 때문에?"

"병도 아니고, 지진이요. 대지진 때 갑자기 덜컥 죽어버렸어
요."

(……)

"그럼, 뭐야? 당신 남편은 그때 일본에 있었단 말이야?"

"네, 여름에요. 장사 때문에 뭐 좀 볼 일이 생겼다면서 친구랑
같이, 그것도 금방 들어온다고 하고 도쿄로 갔는데, 그때 하
필 지진이 났지 뭐예요. 기별도 없이 영 못 돌아왔어요."

(……)

"아아……그러면 아무것도 모르는구나."

"네? 그게 무슨 말씀이에요?"

"니 남편은 분명……에이, 딱해라."

여자는 그날 밤, 꿈에 피투성이가 된 채 겁에 질려 도망치는
남편을 보았다. 그리고 동이 트자마자 거리로 뛰어나와 지나
가는 사람을 붙잡고 소리친다.

"다 알고 있었어? 지진 때 있었던 일……놈들이 입을 맞춰서
다 같이 숨기고 있잖아!"

미친 사람처럼 뛰어다니는 통에 결국 순경이 왔다. 여자는 조
선인 순경을 붙들고 매달리며 통곡했다.

"너도 같은 조선 사람인 주제에……."

그녀는 주저앉아 울기만 했다.

나카지마 아쓰시의 '조선' 체험

'식민지'라는 이질적 공간에서 소년 시절을 보낸 나카지마는 항상 낯선 풍경 속에 있던 이방인이었다. 그런 그에게 조선인 학살은, 조선인들이 일본에서 당한 학살 사건이었다. 일본 문단에 속한 작가들은 그 누구도 쓸 수 없는 주제였다.

단편소설 〈순경이 있는 풍경〉을 집필할 당시 그는 아직 청년 문학도에 불과했다. 그러나 그는 조선과 중국을 소재로 한 작품을 계속해서 썼고 팔라우에 가서 일할 때는 남태평양을 배경으로 한 작품을 발표하기도 했다. 어느 한 시점까지 그는 식민지라는 '토양'에 뿌리내리고 살아가는 사람들—일본인 포함—을 복합적으로 파악하려고 시도했다.

나카지마 아쓰시(1909~1942).

한일이 함께 풀어야 할 역사, 관동대학살 ────●

훗날 나카지마의 전집을 편찬한 제1고등학교 동창인 히카미 히데히로氷上英広는 나카지마가 이 작품을 단독으로 발표하면 "좌익으로 비칠 것 같아" "혐의를 지우기 위해 다른 작품과 동시에 게재했다"고 밝혔다.[62]

지진 발생 6년 후, 급속히 부흥해 가던 도쿄의 언론 공간은 그러했다.

---

[62] 코타니 히로유키, 《나카지마 아쓰시의 조선과 남태평양 2개의 식민지 체험》, 이와나미서점, 2019, p. 16~17.

14

사라지지 않는 트라우마,
반복되는 학살의 악몽

국가 전체가 학살의 기억을 지우려 애쓰는 가운데 조선인들은 재
해 후에도 그 현장에서 살아갈 수밖에 없었다. 조선으로 귀국한
이들도 오랜 세월, 공포의 기억에서 벗어나지 못했다. 극한 상황
에 처할 때마다 유언비어는 다시 찾아왔다.

일본을 떠나도

도쿄의 재건과 부흥으로 지진의 풍경과 기억이 차츰 사라져 가던
가운데 조선인들만 유독 학살의 기억에 갇혀 있었다. 조선으로
돌아간 사람들도 마찬가지였다.

　지진 재해 때 도쿄물리학교(현 도쿄이과대)에 유학 중이던 이성
구는 학비를 벌기 위해 일하러 가던 중 조시가야를 지나다 일본인
에게 폭행당해 오츠카 경찰서로 연행됐다. 신문지에 작업용 버선

을 싸서 들고 가던 차였는데, 그 신문지에 실린 '노루 사냥' 기사에 '총'이라고 적힌 글자를 보고 문제 삼은 것이었다.

경찰서에서는 "내일 죽여라, 오늘 죽여라" 하는 말만 오갔고, 거의 반쯤 죽은 듯한 조선인들이 새로 들어오는 걸 보고 "나도 곧 죽겠구나!"라고 생각했다. 일주일 넘게 경찰서에 붙잡혀 있다가 간신히 풀려났지만, 하숙집으로 돌아가는 길을 잃어버려 간장 가게 안에 있던 아가씨에게 길을 물어보았다. 길을 알려주기는 했지만, 곧장 "저기, 조선인 간다!"고 크게 소리를 지르는 바람에 자경단 청년들이 쫓아왔다. '잡히면 죽는다'고 판단해 가까운 파출소로 뛰어가 도움을 청했지만 쫓아온 자경단뿐 아니라 파출소에 있던 경찰관에게까지 폭행당했다.

1926년 도쿄물리학교를 졸업한 이성구는 조선으로 돌아가 교사로 근무했다. 그러나 뒤에서 학생이 뛰어가는 소리가 들릴 때마다 몸이 경직되었다고 한다.[63]

공습과 원폭 투하 때에도

폭력으로 인한 트라우마가 피해자를 평생 따라다니며 괴롭힌다는 것은 잘 알려졌지만, 그것은 당사자 개인의 정신적 영역에만 국한되지 않는다. 비이성적인 학살의 경험은 피해자가 속한 집단

---

[63] 호센카 편저, 《바람이여 봉선화의 노래를 싣고 날아라》 증보신판, 고로카라고마 カラ, 2021, p. 183~185.

내에서 반복된 기억으로 공유되며 그 기억은 집단적 무의식으로 다음 세대에 전승된다. 학살의 기억은 조선인의 정신 속에서 반복되어 회귀한다. 전시 상황에서 특히 두드러지게 나타나는데, 《특고월보特高月報》[64] 1943년 1월호에는 아이치현의 조선기독교회에서의 논의로, "일본에 거주하는 조선인들에게 제일 위험한 것은 공습 자체의 괴로움보다 일본 상황이 혼란할 때 이를 진압하기 위해 조선인을 학살하는 것이다"라며 "관동대지진 때와 똑같은 일이 다시 일어날 가능성을 우려한다"는 내용이 있다.

히로시마에서 피폭된 조선인들의 증언을 모아 정리한 책인《흰 저고리의 피폭자》. 극한 상황에서 벌어진 수많은 차별의 실상을 담은 증언들이 다수 수록되어 있다.
히로시마현 조선인 피폭자협의회 편, 노동순보사, 1979.

[64] 1945년 이전에 존재한 일본의 비밀경찰인 '특별고등경찰=특고'(1928년 설립)가 내부 문서로 발행했던 조사 기록. 1930년부터 작성되어 사회주의운동, 반전운동, 조선인의 동향 등을 상세히 기록했다.

1945년 3월 10일 관동대지진의 피해자인 이진호는 공습을 벗어나기 위해 가족들과 함께 도쿄에서 지바千葉로 피신했다. 히라이平井 대교에 이르자 많은 피난민이 그곳에서 쉬고 있었다. 이진호는 가족들에게 다리를 건널 때 "한 마디도 하면 안 된다"고 못 박았는데, 그 다리가 놓여있는 가쓰시카구葛飾区는 바로 관동대지진 때 학살이 일어난 현장이었다. 그는 조선인임을 들키면 큰일난다고 생각했다.[65]

히로시마 시내의 군수공장에는 일하다 피폭된 조선인 노동자들이 워낙 많아 "한국의 히로시마"로 불렸다. 합천 출신인 엄분련은 원폭에 피폭돼 리어카에 실려 구호소로 향하는 길에 "절대로 한국어를 쓰면 안 된다"라는 말을 부친에게 들었다고 한다.

관동대지진 때 조선인이 불을 질렀다는 유언비어가 퍼진 것처럼, 원폭이 투하된 혼란한 상황에서도 조선인이 폭동을 일으킨다는 의심을 샀다.

"개에게 줄 약은 있어도 너희 조선인들에게 줄 약은 없다"며 치료를 거부당하는 일들이 많았다고 부연 설명했다.[66]

---

[65] 정영수, 〈관동대지진 시의 학살 사건에 의한 트라우마 체험과 그 이후〉, 《콰드란테》 2015년 3월호, 도쿄외국어대학 해외사정연구소, p. 93~94.

[66] 마루야 히로시·이시카와 이츠코 편, 《찢기면서 우리는 썼다—한국 원폭 피해자 수기》, 니시다西田서점, 2006, p. 78~79.

1945년 3월 도쿄 공습으로 스미다강 주변은
불에 타 초토화됐다(《아사히글래프》, 1975년 3월호).

한일이 함께 풀어야 할 역사, 관동대학살 ━━●

"기뻐하는 얼굴을 해서는 안 된다"

학살 연구의 권위자인 금병동琴秉洞은 일본이 패전한 날, 삼촌으로부터 "기뻐하는 얼굴을 해서는 안 된다"는 말을 들었다.

> 관동대지진 때 일본인들은 아무 죄 없는 조선인을 수천 명이나 죽였는데 우리가 당장 독립한다고 기뻐하는 얼굴을 보인다면 왜놈들이 반드시 우리를 해칠 것이다.[67]

이런 증언은 사료에서 얼마든지 찾을 수 있다. 비교적 최근에 DHC 텔레비전이 제작한 〈뉴스 여자〉라는 프로그램으로부터 명예훼손을 당해 소송을 제기한 신옥숙 씨의 승소 기념 기자회견이 있었다. 오키나와 미군기지 이전 반대운동에 관한 허위 보도로 신숙옥 씨의 명예를 훼손했다고 도쿄 지방법원이 인정한 것이다. 2021년 기자회견에서 신숙옥 씨는 조모와의 추억을 언급했다. 도쿄에서 관동대지진을 경험한 신씨의 할머니는 "죽을 때까지 몽유병 환자처럼 항상 냄비를 들고 잠자리에 들었다가 잠결에 방안을 빙빙 돌아다녔다"고 했다. 언젠가 할머니께 무슨 꿈을 꾸는지 물었더니 "일본 사람들이 나를 쫓아와"라고 대답했다고 한다. 공교롭게도 승소 판결이 있던 날이 관동대지진이 일어났던 9월 1일이었다. 신씨는 "내게 관동대지진은 지나간 역사가 아니다"라고 했다.

---

[67] 〈후기〉, 《관동대지진 조선인 학살 문제 관계 자료 1》, 료쿠인쇼보, 1989.

15
도쿄 대공습 때 반복된 유언비어와 폭력

학살 행위의 외상으로 가해자는 계속 의심을 품게 된다. 전시체제에서 '불령선인 습격'이란 환영은 다시 현실화되었다.

반복되는 폭력……'오모토 사건'과 가해자의 외상

앞서 잔혹 행위가 피해자의 기억에 새긴 악몽과 쉽게 아물지 않는 외상에 대해 살펴보았다. 그렇다면 가해자는 어떤 상태인가. 가해자 역시 반복되는 악몽에 사로잡혀 있었다.

미에三重현에서 발생한 '오모토 사건'은 그 전형적인 예라고 할 수 있다. 1926년 1월 3일 오모토초(현 구마노熊野시 오모토초)의 터널 공사 현장에서 조선인 2명이 현지 주민에게 살해당한 사건이 일어났다. 그 전날 술에 취한 일본인이 영화관에 들어가는 한 조선인과 시비가 붙어 일본도로 찔러 중상을 입힌 사건이 있었다.

이튿날 조선인 노동자들이 이에 보복하기 위해 "오모토초로 몰려와 다이너마이트로 오모토초 전체를 잿더미로 만들 작정"이라는 유언비어가 돌았다.[68]

경찰이 면장에게 지원을 요청해 소집된 재향군인회와 청년단이 죽창과 갈고리, 엽총 등으로 무장한 채 조선인들이 머물던 공사장 인근 숙소를 습격해 이기윤과 배상도, 두 사람을 살해했다.

《키이신보》 1월 6일 자 기사에 따르면 이기윤은 숙소 부근에 있다가 머리에 갈고리가 박힌 채 오모토초까지 끌려가 사망했으며, 배상도는 경찰서에서 "죽을 각오로 조선인들을 설득할 것이다"라고 약속한 뒤 터널로 향하는 길에 붙잡혀 고문당하다가 죽었다고 한다.

극락사에 안치된 두 사람의 시신은 "차마 눈 뜨고 볼 수 없는 참상"이었고, 죽창 등의 흉기에 찔려 "벌집처럼" 온몸에 구멍이 뚫린 채로 3일 동안 길바닥에 방치되어 있었다고 한다. 심지어 그들은 온 산을 뒤지며 달아난 조선인 60명을 뒤쫓았다. 유언비어는 사실무근이었지만, 조선인 노동자는 모두 마을에서 쫓겨났고 일본인 중에 체포된 사람은 아무도 없었다.

도쿄 대공습과 유언비어

'오모토 사건'은 관동대지진으로부터 2년 반가량 지난 후, 아직

---

[68] 《키이신보》, 1926년 1월 5일 자.

긴자 부근인 수키야바시에서 피난을 떠나는 모녀.
《도쿄대공습비록사진집》, 1953.

한일이 함께 풀어야 할 역사, 관동대학살 ──●

기억이 생생한 시기에 일어난 사건이었다. 그러나 곧 전쟁이 발발해 일본 본토가 연일 공습당하던 시기에도 대지진 당시의 유언비어가 되살아나고 있었다.

다음은 공습의 격화에 따라 발생한 유언비어의 종류별 단속 상황이다.[69]

● 〈일본인의 조선인에 대한 유언비어〉
　대공습 이전 12, 대공습 이후 24, 합계 36(41퍼센트)
● 〈조선인의 일본인에 대한 유언〉
　대공습 이전 4, 대공습 이후 5, 합계 9(10퍼센트)
● 〈조선인 사이의 유언비어〉
　대공습 이전 13, 대공습 이후 29, 합계 42(48퍼센트)

　　－정영수, 〈패전/해방 전후 일본인의 '의심과 불안' 및 조선인의 공포〉에서 발췌

이 자료에서 1945년 3월 공습을 이른바 "도쿄 대공습"으로 규정하여, 이를 경계로 조선인에 대한 경계심(마찬가지로 일본인에 대한 공포심)도 높아졌음을 알 수 있다. 이런 심리는 어디서 생긴 것일까.

당시 사법 보고서에는 일본인은 "공습 등의 혼란한 시기"에 "조선인들이 강도, 절도 혹은 부녀자 폭행 등을 가하는 것이 아닐

---

[69] 《특고월보》, 1945년 1~6월.

까 우려하는 마음"을 품고 있어 "상당히 불안한 분위기를 조성하고 있었으며, 결국 그것이 유언비어가 되어, 다시 의심을 낳는" 식의 경향이 있다고 기술돼 있었다.[70]

보고 담당자인 경보국 보안과장은 일본 본토가 잇따른 공습에 노출되는 비상시에는 일본인과 조선인 양쪽 모두 "관동대지진 때와 유사한 사태를 예상"하고 있어, "일본인이 선량한 조선인들까지 경계하고 박해할 우려가 있다"고 보았다.

"불령선인의 습격"의 환영은 사라지지 않은 채 "관동대지진 때와 유사한 사태"인 전시 상황에서조차 '선량과 불량'을 선별했으며 그 잣대는 오히려 더 강화되었다. 그것이 '비국민'인 '불량(불순

옥음방송을 통해 천황의 종전 수락 방송을 전해 듣는 사람들. 〈Japans Longest Day〉, 1968.

한일이 함께 풀어야 할 역사, 관동대학살 ──●

한) 일본인'을 찾아내게 했다는 것은 주지의 사실이다.

패전 쇼크

패전이라는 극적인 상황에서도 가학의 트라우마는 다시 나타난다. 패전의 현실은 식민지 지배라는 특권적 지위를 누린 일본을 끌어내렸다. 경멸의 대상인 피지배 민족이 자유를 회복하게 된 상황은 지배적 위치를 점하고 있던 계층에게 가장 위험한 사태였던 것이다.

> 우리 일본인은 패전을 슬퍼하면서 망연자실해 있었다. 그런데 여기저기 조선인들이 살고 있던 집에서는 밤새 술 마시고 노래 부르며 떠들썩한 소리가 들렸다. "조선 사람들은 대체 뭐 하는 거야?" 하고 묻는 내게 아버지는 "조선 사람들이 이겼다"고 대답했다. 일본인의 패전이 조선인에게는 승리였으며, 해방이었다.[71]

---

[70] 박경식, 《재일조선인 관계자료 집성》 제5권, 〈치안 상황에 대하여〉 1944년 1월 14일.

[71] 미와 야수시, 《점령 아래의 오사카》, 쇼라이샤 松籟社, 1996, p. 56.

GHQ(연합군 총사령부) 본부 앞에서 태극기를 내걸고
정치범 석방을 축하하는 '조련' 사람들(1945년 10월 15일 미국 공문서관).

16
패전 쇼크로 재현된 유언과 잔혹 행위

아시아·태평양전쟁에서 패배한 일본은 식민지 종주국이라는 특권적인 지위를 박탈당했다. 환호하는 조선인과 일본인들 사이에는 새로운 갈등과 긴장이 생겼다.

패전의 충격

한 여성이 역에서 전철을 기다리는 일본인을 밀어내고 먼저 전차에 올라탄 조선인을 보며 이렇게 회상했다.

사람마다 조선어로 떠들다가 웃음을 터트리는 그 분위기는 분명히 우리를 화제로 삼고 조롱한다는 것을 느낄 수 있었다. 그리고 전철이 출발하자 조선인 일행이 손을 흔들며 '독립, 독립, 만세'라고 일본어로 외치며 또 웃음을 터트렸다.[72]

이런 정서는 어떤 반응으로 이어졌을까.

8월 15일에서 얼마 지나지 않은 어느 나른한 여름날 오후였
다.……그들 무리의 선두에 선 사람들은 불길하게 검은 일장
기 한가운데에 올챙이 그림자가 드리운 형태의 태극기를 자
랑스럽게 휘날리고 있었다. 옆에 있던 이웃집 아저씨가 "젠
장, 조선놈들이 일본 절반을 점령할 작정이구면. 그래서 일장
기를 반쯤 까맣게 칠한 거야"라며 이를 갈았다. 내 어깨에 손
을 얹고 있던 어머니는 "어머나, 일장기 절반이 까맣잖아" 하
며 눈시울을 붉혔다.……"전쟁에 져서 조선인들한테까지 바
보 취급당한다"던 아버지의 씁쓸해하는 말투에는 내 실감도
뒤섞여 있었다. 그것은 미국에 패배한 것보다 훨씬 싫은 일로
내 마음에 남았다.

이는 시인인 오림준의 〈공동연구 일본점령〉(사상의과학연구회 편)
에 인용된 내용을 재인용했다(출처는 《조선 연구》 32호).
　오림준은 "이렇게 뼈아픈 한을 담아 그 현장에서 자신의 시선
을 주저 없이 똑바로 회귀시킨" 이 일본인의 "솔직하고 성실한 고
백"을 귀중하게 여겼다. 왜냐하면 이후에 일본이 민주주의 국가

[72] 아카자와 시로, 〈전후사상과 문화〉, 《근대일본의 궤적 6—점령과 전후 개혁》, 요
시카와코분칸吉川弘文館, 1994, p. 143

라는 옷을 깔끔하게 걸쳐 입은 후, 일본인들이 조선인을 "끝끝내 독립된 민족의 일원으로 재인식하지 않고 무작정 세월을 흘려보냈기" 때문이다.

'요리이寄居 사건'―전후에 재현된 잔혹 행위

그것은 잔혹 행위가 재현되는 데 일조한 딱 걸맞는 '사상'이었다. 니가타현 경찰부 특별고등과 〈내선관계서류철〉(1945년 8~10월)에는 "니가타현에서 조선인들이 강에 독극물을 풀어 은어가 떼죽음을 당했다"는 유언비어가 발생했다는 기록이 있다. 또한 1945년 10월 2일 도야마현 지사는 "조선인이 일본 전국에서 폭동을 일으켜 일본인 여성을 폭행, 강간하고 있다는 유언비어"가 떠돌고 있

오림준吳林俊 시집 《해협》, 후바이샤風媒社, 1973.

다는 사실을 내무대신에게 보고했다.

제대군인에 의한 조선인 살해 사건도 빈번하게 발생했다. 그중에서도 제대군인이 대거 포진된 상인집단 '마스야 일가桝屋一家'가 김창근, 김성태 조선인 두 사람을 참수하고 또 한 사람을 상해한 "요리이 사건"의 내용은 처참하다. 이 사건은 1947년 7월, 사이타마현 요리이 경찰서의 관내 하나조노무라花園村에서 일어났다.

경찰의 미적지근한 수사에 견디지 못해 사건을 독자적으로 조사하다가 체포된 재일본조선인연맹(조련) 측의 변호인이 바로 후세 다쓰지布施辰治[73] 변호사였다. 후세의 변론에 따르면 이는 "지하로 숨어든 군벌세력의 지시를 받은 조직 폭력배에 의한" 중상 및 살해 사건으로 "일본 패전의 억울함을 해소할 요량으로 일본 패전을 기뻐하는 조선인을 증오한 학살 사건"이었다.

이는 옛 일본군 병사들이 마스야 일가를 점령하고 탈취한 데 그치지 않고, 당시 일본 사회 전체에 흐르고 있던 '패전사상', 즉 "모든 억울한 일은 전쟁에서 진 탓"이라는 사상이 역류해서 나타난 사건이다.[74]

---

[73] 주 20 참고.
[74] 정영환, 《해방 후' 재일조선인사 연구서설: 1945~1950년》 제3장, 히토쓰바시 대학一橋大學 대학원 사회학연구과 박사학위 논문, 2010년, p. 51~52.

"조선인 한둘은 죽여도 돼"

덧붙여, 사이타마현 요리이무라(현 사이타마현 오사토군 요리이초)는 관동대지진 때 학살 사건이 일어난 곳이기도 하다. 대지진 발생 4일 후, 피해가 두려워 경찰서에서 보호받고 있던 28세 조선인 엿장수 구학영을, 인근 마을인 요도무라用土村에서 몰려든 군중들이 유치장을 습격해 그를 마구 난도질해, 경찰서 현관으로 끌고 나가 숨통을 끊어버렸다.[75]

후세 다쓰지는 요리이 사건 변론문에서 이 두 사건의 공통점으로 "조선인 한두 명은 죽여도 좋다"는, 관동대지진 학살 사건 이후의 "민족적 차별과 멸시의 관념"이 깔려있다고 보았다.

패전 이후 재일조선인이 일본인에게 상해를 가한 폭력 사건이 발생했다거나 '조선주둔군'이라 칭하며 수많은 범죄에 연루되었다는 설이 여전히 판을 치고 있지만, 이 역시 패전 이후에 유포된 유언비어의 일종이라 할 수 있다.

[75] 〈숨겨진 역사―관동대지진과 사이타마의 조선인 학살사건〉, 관동대지진60주년 조선인희생자추도사업실행위원회, 1984, p. 118.

17
재일동포의 번민을 그린 작가, 이양지

대지진이 일어나면 조선인은 또 학살될까

재일동포 이양지[76]는 1989년 중편소설 《유희由熙》로 제100회 아쿠타가와상을 수상했다. 불과 3년 뒤인 1992년에 작가는 급성심근염으로 급사하였는데, 사후에 출간한 《돌의 목소리石の声》를 포함해 10여 년간의 집필 활동을 통해 네 권의 단행본을 남겼다. 1983년에 발표한 첫 책의 제목이기도 한 《해녀かずきめ》에는 이런 내용이 나온다.

---

[76] 이양지李良枝(1955~1992). 와세다대학에 입학한 후 민족운동에 뛰어들면서 가야금과 무속巫俗 무용을 본격적으로 배웠다. 서울의 하숙집에 머물며 쓴 《나비타령》으로 문단에 데뷔했다. 1988년 문예잡지 《군상》에 발표한 《유희》로 1989년 아쿠타가와상을 수상했다. 이후 일본과 한국에 오가며 한국 무용을 배우며 집필을 이어가다, 1992년 급성심근염으로 세상을 떠났다.

"좀 전에 지진이 있었잖아요, 잇짱."

"그러고 보니 좀 흔들린 것 같아."

(……)

"잇짱, 또 관동대지진 같은 큰 지진이 생기면 조선인은 학살 되는 걸까? 일 엔 오십 전, 십엔 오십 전이라며 죽창에 찔리게 될까?"

그 전해에 발표한 데뷔작 《나비타령》에도 이와 비슷한 대목이 있다.

……옆구리에 칼이 꽂혀있다. 옆구리에 손을 대보았다. 칼은 없었다. 아무런 상처도 나지 않았다. 일본인에게 살해된다. 그런 환각이 시작된 것은 그날부터였다.

이양지의 〈제적등본〉

이양지의 작품에 반복해서 나타나는 대지진 재해에 관한 회상은 미발표 습작 원고인 〈제적등본〉에서 중심 주제로 등장한다.

주인공은 모국으로 유학을 갈 마음을 먹고, 부친의 귀화로 상실한 한국 국적의 '제적등본'을 받으러 간다. 그리고 학교에 들어가기 전 고향인 전주를 방문한다.

처음으로 한국에 온 그녀는 점점 거세지는 비바람 때문에 이성계의 묘소를 산책하는 것을 포기하고 숙소에 머물기로 한다. 비

재일한국인 2세 작가 이양지 씨(여동생 이영 씨 제공). 아쿠타가와상 수상 작가인 이양지의 작품은 관동대지진 당시의 조선인 학살을 반복해서 그려낸다. 미발표 원고인 《제적등본》은 그 기억이 아직도 재일동포들의 정신을 허공에 매달고 있음을 형상화한 작품이다.

아쿠타가와상 수상작 《유희》
(고단샤, 1989).

한일이 함께 풀어야 할 역사, 관동대학살 ━━●

가 그치자 기분을 전환할 겸 거리를 걷다가 숙소로 돌아왔을 때 그녀는 숙소에 있던 젊은 남자와 허드렛일 하는 소년이 이야기하는 것을 엿듣게 된 것이다.

"일본, 아가씨……."
그 단어가 들렸을 때 나는 걸음을 멈췄다. 낄낄거리는 은밀한 웃음소리가 간간이 섞여 나를 움츠러들게 했다. 그것은 나에 관한 이야기였다.

전라도 사투리가 섞인 우리말을 잘 알아듣지 못한 그녀는 단어를 이어 붙여가며 맥락을 파악할 수밖에 없었다.

"아니, 형님, 걔는 일본 사람이죠. 일본 여자 얼굴이야."
"일본에 귀화했으면 일본인이지. 귀화한 놈은 사람도 아냐, 매국노지."
(……)
"일본 여자랑 한번 해보고 싶네."
"어때요, 형님. 오늘 밤에……."

의심에 사로잡힌 그녀는 여관을 바꿔야 하나 망설인다. 그러다 문을 두드리는 소리가 나서 살펴보니 오른손에 칼을 든 남자가 방 입구를 가로막고 서있었다. 그녀는 자신이 재일교포라고 필사적으로 변명했다. 그러자 남자가 따져 묻는다.

　"……야, 그럼 우리말로 '일 엔 오십 전' 해봐."
　"일 원 오십 전……이요?"
　"이것 봐, 일본놈 발음이잖아."

　'한국어를 잘 못 하는' 재일교포가 "일본인으로 몰려" 황당한 보복을 당한다. 모두 주인공의 꿈에서 일어난 일이지만, 실제 사건과 역할이 반전돼 한국인이 일본인으로 오해받는 상황을 겪은 것이다.
　이 소설의 특이함은 여기서 그치지 않는다. 작가 자신도 주인공과 같은 이유로 한국 국적을 상실했기 때문에, 한국과 일본 사이에서 허공에 매달린 채 두 민족 간의 역사적 부채를 저주처럼 떠안고 괴롭힘당하고 있었다.
　조선인이 일본 국민이 되는 것은 피해자라는 입장에서는 해방되는 것이지만 동시에 학살 사실을 부정하는 행위가 되기도 한다. 관동대지진으로부터 반세기가 지났으나 작가 자신이 반복해서 겪은 피학의 체험을 복기하는 것은 의식하든 그렇지 않든 간에 그 번민이야말로 조선인에게 새겨진 낙인(외상)과도 같은 것이었기 때문이다.

5년마다 전쟁을 치른 '제국' 일본

잔혹 행위는 피해자의 심신에 상처를 입히지만 동시에 가해자의 마음에도 상처를 낸다. 폭력의 강도가 심할수록 가해자의 상처 역시 깊어지고 고통도 길어지기 마련이다.

근대국가인 메이지 정부는 보신전쟁戊辰戦争[77]과 세이난전쟁西南戦争[78]이라는 두 번의 내전을 거쳐 성립된 이후 거의 5년마다 전쟁과 대외출병 등 군사행동을 강행해 왔다.

1894~1895년 청일전쟁

1900년 의화단전쟁(중국)

1904~1905년 러일전쟁

1910년 한일합방

1914~1918년 제1차 세계대전

---

[77] 보신전쟁. 1868년 1월(교토)에서 1869년 5월(하코다테)까지 계속된 메이지유신 세력과 도쿠가와 막부 지지세력과의 전쟁. 전쟁의 결과로 승리를 거둔 신정부군의 핵심 지도자가 메이지 정부의 지도자가 되어 천황제를 내걸고 입헌체제를 수립함으로써 300년 가까이 지속된 봉건제도가 막을 내렸다.

[78] 세이난전쟁. 1877년 "폐번치현(지방행정단위를 '번'에서 '현'으로 바꾸는 제도 개혁)" 등의 정책을 통해 자신의 생존기반에 위협을 받게 된 옛 무사계급의 일부분이 정한론 등으로 의견 차이가 생겨 정부에서 이탈한 사이고 타카모리를 중심으로 규슈 각 지역의 반정부 무사 출신자들과 함께 가고시마현에 집결했다. 당초 공세를 걸었던 반란군이 구마모토 전투의 공방전으로 패배한 후 수세로 바뀌며 3만이 넘었던 병력 중 6,000명을 잃어버리고 지도자들이 잇달아 전사하고 사이고도 자결함으로써 반란이 끝났다.

1918~1922년 시베리아 파병

1927~1928년 산둥반도 파병

1931년 만주사변

1937년 중일전쟁

1941년 아시아·태평양전쟁(대동아전쟁)

1945년 아시아·태평양전쟁 패전

일본은 국내의 여러 모순을 대외전쟁을 통해 해소해 왔다. 아시아·태평양전쟁으로 미국에 전면적으로 패배할 때까지 많은 전쟁에서 유리한 이익을 취해왔기 때문에 자국민 스스로가 전쟁에 관한 부정적인 인상을 가지지 못했던 것도 사실이다.

그러나 화려한 전과의 그늘에는 적지 않은 전사자가 있었으며

청일전쟁 니시키에(풍속화 목판화), 〈아산 일대 격전도〉(국립국회도서관 디지털 콜렉션).
청일전쟁의 주전장은 한반도였다.

한일이 함께 풀어야 할 역사, 관동대학살 ──●

상병자도 상당수 존재했다. 무기의 근대화가 진행된 러일전쟁에서는 약 3만 7,000명의 부상자가 발생했다. 정부는 1906년 '폐병원廢兵院'을 설치해 부상자를 수용하고 국비로 평생 부양할 것을 결정한 바 있다. 전쟁의 부정적인 측면은 사회로부터 격리되었고 부상자와 병자에 대한 국가의 보호가 더욱 강조되었다.

18
학살은 왜 일어났는가 1
―"가해자의 죄책감" 결여

'전쟁신경증'과 PTSD

2021년 8월 NHK 〈클로즈업 현대〉 '시리즈: 끝나지 않는 전쟁―
봉인된 마음의 상처'가 방영되었다. '전쟁신경증'을 다룬 내용으
로, 시청한 이들도 있을 것이다.

'전쟁신경증'이란 전장에서의 전투 행위로 인한 PTSD(외상후스
트레스 장애) 발병을 말한다. 프로그램에서는 아시아·태평양전쟁
에서 가혹한 전투를 체험한 병사 외에 병영 생활에서의 차별과 폭
력에 시달린 경험 또한 PTSD 발병의 원인으로 파악했다. 아시
아·태평양전쟁 패전 직후까지 입·퇴원한 일본 육군 병사는 약 2
만 9,200명에 이르는데, 그 절반에 해당하는 약 1만 4,500여 명이
정신질환을 앓았다고 한다.

환자들을 돌본 곳은 지바현의 코노다이国府台 육군병원이었다.

이 병원에 입원한 환자 8,002명의 진료 기록 카드 '병상일지'를 분석한 시미즈 히로시清水寬(사이타마대학교 명예교수)를 취재한 《Buzz Feed News》 기사에 실린 전직 군인들의 호소 내용을 인용하면 다음과 같다.

- 열두 살 정도의 아이를 찔러 죽였다. 그때 불쌍하다고 생각한 것이 아직 머리에서 떠나지 않는다.
- 마을 사람들을 죽인 것이 뇌리에 남아서 악몽에 시달린다.
- 아이를 죽였는데, 내게도 비슷한 또래의 아이가 있었다.
- 부근에 사는 주민을 살해했다. 꿈속에서 내가 죽인 사람들의 영민[領民]이 나를 원망스럽게 쳐다본다.

시미즈 교수는 이런 증상이 모두 "PTSD 증상"이라고 말했다.

"가해에 따른 죄책감" 결여

시미즈 교수에 의하면 '전쟁신경증'에는 6가지 유형이 있다.

1. 전투 공포(전투 행위에서의 공포, 불안에 의한 것)
2. 전투 소모(행군 등 전투에서의 피로에 의한 것)
3. 군대 부적응(군대 생활 부적응에 의한 것)
4. 사적 제재(군대 생활에서의 사적 제재에 의한 것)
5. 자책감(군사행동에 대한 자책감에 의한 것)

관동대지진 때 자경단이 사용한 무기. 일본도, 라이플
총, 수제 창, 못 박은 쇠몽둥이 등이 보인다.
(우시고메 가구라자카 경찰서에서 영치한 자경단원들의 흉기.
〈대정대진재지〉, 경시청)

중국 전선, 진흙탕을 뚫고 진군하는 일본 육군 보병대.《중국사변 사진첩》, 동광사,
1938.

6. 가해에 따른 죄책감(가해 행위에 대한 죄책감에 의한 것)

PTSD는 베트남전쟁에서 발견된 정신질환이다. 베트남에서 귀환한 많은 군인이 전장에서의 플래시백 현상을 겪으며 약물 중독 또는 알코올 의존증에 빠졌다. 자살 충동을 느끼고 감정 통제 기능을 상실한 채 무기력에 사로잡혀 직장에서 일을 할 수 없게 된 사례들, 이는 '베트남전 후유증'으로 불리며 중대한 사회문제로 떠올랐고 수많은 소설과 영화의 소재가 되기도 했다.

이렇게 보면 이는 관동대지진 당시의 조선인 학살과 매우 다르다. 예컨대 '전쟁신경증'의 유형인 '가해에 따른 죄책감'에 관한 증언은 거의 찾아볼 수 없다. 이 결여는 어째서인가.

'탈감작脫感作'[79]과 '집단면책'

《전쟁에서 '살인'의 심리학》이라는 책이 있다. 저자인 데이브 그로스먼은 미국 웨스트포인트 육군사관학교의 군사사회학 교수이자 23년간 군에서 복무한 군인(중령)이다. 이 책은 전장에서 '죽이는 자의 고통'을 분석한 유례없는 연구서로, 이 사관학교의 교과서로도 사용되고 있다.

그로스먼에 의하면 평균적인 인간에게는 본래 같은 인간을 죽

---

[79] 알레르기 질환 치료에서 쓰는 용어로 항원 투여량을 조정함으로써 급격한 거부 반응을 일으키지 않도록 완화하는 치료법.

이는 것에 대해 강렬한 거부감이 있다. 그래서 지극히 평범한 사람을 군인으로 훈련시킬 때는 여러 방면에서 '탈감작'이 필요하다고 한다. 병사에게 요구되는 가혹한 훈련과 절대복종 같은 조건부여는 살인에 대한 감수성을 경감하고 제거하는 '탈감작'을 목적으로 한 프로그램의 일부이다.

관동대지진은 전쟁이 아니었다. 그러나 '불령선인의 습격'이라는 소문은 시가지의 야전과 유사한 상황을 만들어냈다. 자경단의 지휘를 맡은 재향군인회 소속 회원은 앞서 군대 생활을 통해 '탈감작' 상태였고 그 아래 지시를 따른 이들은 '명령'에 따라 살해를 감행하기도 했을 것이다.

거기에는 '집단면책' 또한 작용했다. 정상적(제정신)인 사람이 원치 않는 일(살인)을 전장에서 단행할 때 가장 큰 동기는 "자기보

《전쟁에서 '살인'의 심리학》, 데이브 그로스먼, 치쿠마가쿠게이붕코ちくま学芸文庫, 2004.

존 본능이 아니라 전우에 대한 강력한 책임감(《전쟁에서 '살인'의 심리학》)"이라고 한다. 집단과의 동질감이 강할수록 개인의 행동을 동조하게 하는 의무감이 발휘된다. 또 집단행동은 익명성을 높여 잔혹한 행위를 더욱 용이하게 만든다는 것이다.

이는 평소 가까운 이웃으로 지내던 사람들끼리 결성한 자경단에도 그대로 적용될 것이다. 그 강한 동료의식이 유언비어가 낳은 복수심을 증폭시킨 것으로 생각된다.

'열등한 인종'을 응징하다

대규모 유대인 학살을 자행한 나치 독일은 아리아인을 '우월한 인종'으로 규정하고 '열등한 인종'인 유대인과 집시를 근절할 필요성을 주창했다. 그러한 인종차별의 이데올로기가 홀로코스트라는 인류 역사상 최악의 비극을 초래했다.

대일본제국은 어떠했는가. 나치식 홀로코스트를 실행하지는 않았지만 류큐(옛 오키나와 국명), 타이완, 조선이라는 피지배 민족의 권리를 제한하고 실질적으로 '2등 시민'으로 처우했다. 또한 그들—중일전쟁 개전 이후 중국인 포함—의 문화는 일본이 볼 때 "열등한 문명"이라는 인식을 국민에게 심었다.

그런 사회적·문화적으로 거리가 있는 상대에 대해, 사람들은 '응징'을 주저하지 않았다. 그러나 이러한 인종차별 정책은 양날의 칼이기도 했다. 조선에서는 그것이 격렬한 저항운동으로 이어졌고 독립운동의 지속적 에너지로 연결되었으며 끝내 일본이 중일전쟁에서 승리하지 못한 이유도 거기서 찾을 수 있을 것이다.

관동대지진 시기에는 그 저항의 강도가 "불령선인"이라는 적개심으로 덧씌워져 있었다. 그 혐오의 이미지는 정부에 의해 증폭되었으며 군과 관, 민 전체를 통틀어 "불령선인"의 환영이 현실이 되는 불안감에 사로잡혔다. 지진 재해의 혼란 속에서 그들의 뇌리에는 "불령선인"이라는 '이드(본능적 충동의 원천)'의 괴물이 출현했고, 사람들은 철저한 섬멸을 꾀하고자 했다.

관동대지진 조선인 학살이라는 초유의 사건은 이러한 요인들이 복합적으로 작용해 발생한 일이라 할 수 있다.

19
학살은 왜 일어났는가 2
─정상 참작된 자경단의 잔혹 행위

잔혹 행위의 '합리화와 수용' 과정

같은 인간에게 잔혹한 행위를 저지른 자는 그 죄를 짊어지고 살아가야 한다. 정신적 트라우마야말로 잔혹 행위의 가장 큰 대가라고 할 수 있을 것이다.[80]

그렇다면 관동대지진 학살에서 "가해자의 죄책감"은 어떤 심리구조를 통해 기억의 가장 안쪽 서랍에 넣어져 열쇠로 잠기게 된 것일까.

---

[80] 데이브 그로스먼, 《전쟁에서 '살인'의 심리학》, 치쿠마가쿠게이붕코ちくま学芸文庫, 2004.

데이브 그로스먼에 의하면, 보통 '전투 중 살인'에 대한 반응에는 여러 단계가 있다고 한다. 그 과정을 도식화하면 다음과 같다.

살인에 대한 불안→ 실제 살인 → 고양감→ 자책→ 합리화와 수용

이러한 과정을 거쳐 살해자는 트라우마와 화해하는 것이다. 이 단계는 일반적으로 연속적이지만, 반드시 모든 사람에게 공통으로 나타나는 과정은 아니라고 한다. 어떤 단계가 서로 뒤섞이거나 비약하는 사례도 드물지 않다고 한다. 즉 '자책'의 단계를 건너뛰고 바로 '합리화와 수용'으로 넘어가는 경우도 있다고 한다.

자경단은 대부분 지역 유지들로 구성되었다(《1억인의 소화사一億人の昭和史》, 마이니치신문사).

한일이 함께 풀어야 할 역사, 관동대학살 ───●

미국의 베트남 참전 용사들이 PTSD에 시달린 것은 마지막 단계인 '합리화'에 실패했기 때문이다. 그들은 정신적으로 피폐한 상태로 전장에서 돌아왔지만, 미국 사회는 베트남전쟁을 정의로운 전쟁으로 받아들이지 않았다. 참전 용사들은 주위의 따가운 눈총을 받았으며 때로는 비난의 대상이 되었다. 그로스만은 그것이 이들의 심리 상태를 파국으로 내몬 것이라고 지적했다.

하늘 아래 떳떳한 살인

이 단계 과정을 관동대지진에 대입하면 조선인 학살의 특이성이 드러난다. 앞서 여러 책에서 인용된 사례 중 하나인, 충격적인 자경단의 말을 인용해 보자.

> "선생님, 조선인은 어떤가요? 전 오늘까지 여섯 명을 죽였는데요."
> "저 녀석, 굉장한데."
> "아무래도 자기 몸을 지키려면 그래야죠, 하늘 아래 떳떳한 살인이다 보니 호쾌하게 잘도 하네."[81]

마을이라는 작은 공동체에서 결성된 자경단의 팀워크에 의한 행동은, 개별 구성원의 '살인에 대한 불안'을 경감해, '살해'에 대

---

[81] 《요코하마시 진재지震災誌》 제5권, 요코하마시청 역사편찬실, 1926. p. 431.

해 "떳떳한 살인"이라고 할 정도의 '고양감'을 선사했다. 그리고 "자기 몸을 지키려면"처럼 '정당방위'라는 '합리화'까지 필요해진 것이다.

원래대로라면 유언비어의 내용이 단지 "헛소문"으로 판명되면 '자책' 단계에 접어들어야 한다. 그러나 그 기회는 찾아오지 않았다. 지역 사회 구성원 모두가 공범자였고, 군부와 경찰, 언론을 포함해 사회 전반의 모든 계층이 어떤 식으로든 공범관계에 있었기 때문이다.

앞서 잠깐 언급한 바와 같이, 지진 발생 이후 한 달이 지나면서 자경단 검거가 시작됐다. 그러나 검거된 건수는 매우 적었고, 양형과 판결 모두 가벼웠으며 대부분 집행유예로 처리됐다. 그러나 반대로 일본인을 조선인으로 착각해 학살한 재판에서는 유죄 판결을 받을 확률이 높았으며 실형을 선고받은 판결도 많았다.[82]

일본 정부는 1923년 9월 11일 "정상 참작"할 점이 적지 않아, "소란에 가담한 전원을 검거하는 일 없이" 검거의 범위를 "현저한 것으로 한정"해 검거하겠다는 방침을 발표했다. 가해자는 일정한 범위 안에서 선을 긋고, 대다수는 죄를 묻지 않았다.

이렇게 학살의 책임 추궁도 애매한 형태로 막을 내렸다. '자책'에서 '수용'에 이르는 미래는 이렇게 닫힌 채 화근을 남기게

---

[82] 야마다 쇼지, 《관동대지진시 조선인 학살과 그 후—그 국가책임과 민중책임》, 소시샤, 2011, p. 89.

되었다.

"학살"이란 말은 금기어

지진 재해 1년 후인 1924년 9월 13일, 조선인 동포의 넋을 기리기 위한 '추모식'이 도쿄 도즈카戶塚에서 열렸다.

추모식에는 300명이 넘는 도쿄 거주 조선인들이 모였고 연단 옆에는 시커멓게 그을린 죽창과 '피학살 동포 추모식'이라 적힌 흰색 천이 걸려있었다. 회장에는 도즈카 분서에서 파견한 경찰 약 60명이 삼엄한 경계를 펼쳤다.

추도문이 낭독되기 시작되자 행사장 곳곳에서 오열하기 시작했고, 누군가의 낭독을 계기로 통곡하는 소리가 행사장 여기저기에서 터져나왔다. 열기가 뜨거워지는 분위기 속에서 사건의 진상을 보고하는 강연에 경찰들이 "중단하라"고 요구하는 목소리가

'피학살 동포 추모식'의 해산 사건을 보도한 《아사히신문》 1924년 9월 14일 자 기사.

커져 실랑이가 벌어졌다. 이어 한 여학생이 '소감'을 말할 때에도 "중단하라"는 목소리가 있었다. 결국 해산 명령이 떨어졌고 분개한 청중들이 절규했고, 흙발인 채로 단상에 올라간 경찰들과 대치했다.[83]

이때 여학생은 "어떤 수를 써서라도 복수해야 한다"라고 말했으며, 뒤이은 연설에서는 "학살이 불법임을 책망하고, 동포의 영혼에 답하는 일을 하자"고 발언했다.

경찰은 그런 발언을 불온한 것으로 판단해 해산 명령을 내렸다. 비록 조선인 자신이 동포의 죽음을 추모하는 모임이었다 해도 학살의 진실을 말하는 것은 금지되었고, 비판조차 허용되지 않았다.

사실 이 《아사히신문》 기사는 검열로 인해 "피○○동포 추모식"과 "학살"이라는 두 글자가 복자伏字 처리되었다. 조선인 학살은 공개적으로 말할 수 없는 금기어였다.

---

[83] 《아사히신문》, 1924년 9월 14일 자 조간 기사.

20
학살은 왜 일어났는가 3
─가해자의 증언, 지금도 유포되는 유언비어

학살 작전 가담 군인의 증언

에츄우야 리이치越中谷利一가 속한 기병연대가 출동한 시간은 9월 2일 정오 직전이었다. "어쨌든 갑자기" 인마人馬의 군장을 갖추고 사단 앞으로 정렬하기까지, "소요된 시간은 30분밖에 주어지지 않았다." 인마의 이틀분 식량과 여분의 말발굽, 실탄 60발을 휴대한 "마치 전쟁을 방불케 하는" 상황이었다. 오후 2시경 가메이도에 도착한 연대는 그 즉시 "열차 검문"을 실시하고 조선인 한 사람을 끌어내려 총검으로 마구 찔러 죽였다. 일본인 피난민들 사이에서 우레와 같은 "만세 환호성"이 터져나왔다. 에츄우야가 속한 연대는 이를 시작으로, "그날 저녁부터 밤이 깊어질수록 더더욱 대단한 일을 벌이기 시작했다."[84]

후에 그는 이 글을 바탕으로 〈관동대지진의 추억〉을 발표했으며 본문의 "대단한 일"을 "본격적인 조선인 사냥"으로 고쳐 썼다.

군대를 제대한 후 에츄우야는 자신의 가해 경험을 소설로 발표한다.

아 어떻게 해서 이 사람들을 죽일 수 있었을까?—내 앞에 비틀거리며 두 손을 모은 채 무릎을 꿇고 앉은 그들, 나라를 ××하고 나라에서 쫓겨나 ××과 모욕과 학대의 쇠채찍질에 끊임없이 생존을 거부당하면서 유랑하고, 이제 먹으려 해도 먹을 것이 없고 잠을 자려 해도 잘 곳이 없는—그들을 어째서이 ×××××××× 찌를 수 있었단 말인가.[85]

검열로 인해 복자로 가득한 이 작품은 학살의 기억에 시달리는 작가의 회한으로 점철되어 있다. 이 작품은 1927년 9월 《해방》에 발표되었으나, 발표 당시에는 복자가 더 많았다.

'불령일본인' 탓이라고 간파한 사령관

유언비어를 헛소리로 꿰뚫어본 군인도 있다. 가나가와 경비대 사령관이었던 오쿠다이라 슌조奥平俊蔵 육군 소장이다. 9월 4일에

---

[84] 〈계엄령과 병사〉, 《전기》, 1928년 9월호.

[85] 에츄우야 리이치 저작집 간행위원회편, 〈일등병의 대지진 수기一兵卒の震災手記〉, 《에츄우야 리이치 저작집》, 도카이센이게이자이신문사東海繊維経済新聞社, 1971.

부임해 요코하마 인근에서 재해 구조와 치안 회복에 나선 오쿠다이라는 민간에서 돌고 있는 유언비어를 조사하며 그 신빙성에 의문을 제기했다.

〈요코하마의 조선인에 관한 조사 보고〉
9월 1일 밤 키타카타초北方町에 거주하는 조선인 15~16명 중 4명이 붕괴한 가옥의 물품을 절취할 목적으로 침입한 것이 시민에게 발각되어 경찰 및 재향군인회 등과 협력하여 이들을 체포하고 살해했다는 소문이 있어 조사한 결과, 조선인의 행동을 확실히 본 목격자도 없고 증거도 없었다.[86]

에츄우야 리이치(1901~1970).

---

[86] 야마모토 스미코, 〈요코하마의 관동대지진 조선인 학살〉, 《오하라사회문제연구소 잡지》 668호, 호세이대학 오하라사회문제연구소, 2014, p. 52

이듬해인 1924년 중장으로 진급해 예비역으로 물러난 오쿠다이라는 훗날 자서전을 통해 당시의 체험에 대해 풀어 썼다.

4일 오전 6시 코슈膠州(선박 명)가 항구에 진입해 군대는 거룻배를 타고 야토하시 부근에 상륙했다.…… 이때 시민 몇 사람이 조선인을 묶어 해군 육전대에 데려온 것을 보고 법무관에게 취조를 맡겼다. 나중에 들은 바로는 법무관도 우선 조사하긴 했으나, 별로 수상한 점이 없어 일단은 해군에 맡겨 두었는데, 시민들이 이를 다시 해군으로부터 빼돌려 야토하시 다리 밑 바다에다 몇 번 던지고 끌어올리는 일을 반복하다가 결국 가라앉혀 살해했다고 한다.[87]

요코하마에서 이런 참극을 몇 차례 목격한 오쿠다이라는 이런 '불령일본인'의 범죄를 규탄했다.

소란의 원인이 '불령일본인'에게 있는 것은 물론이고, 그들은 악행을 저지르고 그것을 조선인에게 전가하여 사사건건 조선인이 저지른 일이라고 한다.
요코하마에서도 조선인이 강도라든가, 우물에 독약을 탔다든가, 방화니, 뭐니 온갖 악행을 저질렀다는 이야기를 듣고, 윗

---

[87] 쿠리하라 히로시 편, 《서툰 자화상―육군 중장 오쿠다이라 슌조 자서전》, 가시와쇼보柏書房, 1983.

난징전투에서 중화문으로 몰려온 일본군 전차부대.《만주사변 사진첩》, 동광사.

선의 명도 있고 해서 이것저것 그 배후를 철저하게 조사했더니 모두 사실무근이었다.

심각한 대공황의 원인이 된 것은 '불령일본인'의 소행이라고밖에 인정하지 않을 수 없다.[88]

그리고 더욱 구체적인 범죄 수법을 언급한다. 치안 복구 책임자로서 각오가 있었을 것이다.

그들 '불령일본인'들은 학교에 비치해 둔 총기 전부를 공포탄과 함께 몽땅 약탈하여 피난민 집단에 가서 이를 보호해 준다고 말하고, 낮에는 가만히 있다가 밤이 되면 패거리와 공모해 공포탄을 쏘며 함성을 지른 후 "조선인 습격이다, 빨리 도망쳐!" 하고 외쳐대면 인근에 불에 타고 남은 집에 임시로 머물던 사람들은 깜짝 놀라 집을 비운 채 도망가 버리고, 그 틈을 이용해 약탈을 자행한 것은 물론 피난민들에게 보호비를 받기까지 했다고 한다.[89]

심판받지 않은 살인
억압된 학살의 기억은 사회가 극한 상황에 처할 때마다 반복해서

---

[88] 쿠리하라 히로시 편, 앞의 책.
[89] 쿠리하라 히로시 편, 앞의 책.

환기되었고 그것은 다시 새로운 비극으로 이어졌다. 공습과 원폭 투하, 패전 이후의 혼란 등 다양한 상황에서 유언비어는 후렴구가 되었다.

그리고 중국 전선에서 일어난 난징대학살과 무차별 살육 같은 일본군의 잔혹 행위가 발생한 요인에도 '심판받지 않은 살인'이란 플래시백(회상)이 있었을 것이다. 학살이 옳았다고 계속해서 믿기 위해 "정당한 살인"을 얼마나 반복했던 것일까.

문제는 과거의 일이 아니다. 2016년 4월 14일에 발생한 구마모토 지진 때에 "동물원에서 사자가 탈출했다", "센다이 원전에서 화재가 발생했다"라는 등 다양한 유언비어가 SNS에서 퍼졌다. 그 중에는 "조선인이 우물에 독을 넣었다"는 내용도 있었다.

2016년 4월 구마모토 지진 때 새로운 유언비어가 SNS를 통해 퍼졌다.

유언비어를 퍼트리는 이들은 지금도 끊이지 않는다

2021년 2월 13일 후쿠시마현 앞바다에서 최대 진도 6.0 규모의 지진이 일어났을 때 "우물에 독"이라는 동일한 유언비어가 트위터에 많이 유포됐다. 《아사히신문》 디지털 기사에 따르면 4월 하순까지, "우물에 독"을 포함한 게시물은 비판하는 댓글까지 6만 6,000건에 달했다. 그 외 게시 후에 삭제된 것들도 많다. 《아사히신문 디지털》 2021년 5월 3일 자 기사는 이 같은 글을 게시한 남성 두 명을 인터뷰했는데, 34세의 건설 현장 노동자인 남성은 게시물의 목적에 관해 이렇게 말했다.

"'우물에 독'이라는 패러디로 뭔가 화제를 만들고 싶었어요."

또 다른 사람은 교토대학 출신의 20대 시스템 엔지니어. 그는 기자에게 관동대지진 때의 유언비어와 학살 사실에 관해 알고 있느냐고 물었고, "당시의 일본인은 어리석었다. 지금 이 단어를 사용한 것은 학살의 역사와는 별개다", "정보의 진위를 판단할 책임은 수용자에게 있다"고 대답했다.

게시자는 모두 '그저 화제를 만들었을 뿐, 과민하지 말라'는 뉘앙스를 풍기는 듯했다.

또 이 연재를 시작하자마자 "허위 기사를 쓰지 말라"는 반응이 있었다. 거기에 이렇게 적혀 있었다. "최근 지진이 일어날 때마다 조선인들이 하는 짓을 보면 진실이었던 게 분명하다." 이는 SNS 상에서 유포되는 악성 댓글을 완전히 사실로 믿는 것이다.

거짓 없이 진실을 마주 보는 태도

100년 전 은폐한 기억이 지금도 새로운 유언비어를 낳고 있다. 비극이 언제 다시 반복되더라도 이상하지 않다. 그것을 피하기 위해서는 부정적인 기억을 다시 불러와 거짓 없는 진실을 마주 보는 태도가 요구된다.

관동대지진 100년을 계기로 일본 사회에 그런 움직임이 널리 일어나기를 바란다. 그 괴로움을 스스로 되찾지 않는 한, 진정으로 이 사회가 과거의 상처에서 회복될 수는 없을 것이다. 마지막으로 현대 한국 문학의 중요한 작품 한 구절을 인용하며 마무리 짓고자 한다.

"지금 당신이 겪는 어떤 것으로부터도 회복되지 않게 해달라."[90]

---

[90] 한강, 전승희 역, 《회복하는 인간》, 도서출판 아시아, 2013.

참고문헌

麻田雅文,《シベリア出兵》, 中公新書, 中央公論新社, 2016年.

アンドレ·ヘイグ,《中西伊之助と大正期日本の〈不逞鮮人〉へのまなざし-大衆ディスクールとコロニアル言説の転覆》, 立命館言語文化研究 113号, 立命館大学国際言語文化研究所, 2011年.

印藤和寛,《朝鮮史の誕生 朝鮮独立戦争と東アジアの歴史学》, かんよう出版, 2020年.

生方敏郎,《明治大正見聞史》, 中央公論新社, 1978年.

越中谷利一著作集編集刊行委員会編,《越中谷利一著作集》, 東海繊維経済新聞社, 1971年

江馬修,《羊の怒る時》, 影書房, 1989年.

奥平俊蔵·栗原宏編,《不器用な自画像 陸軍中将奥平俊蔵自叙伝》, 柏書房, 1983年.

尾原宏之,《大正大震災 忘れされた断層》, 白水社, 2012年

加藤直樹《九月 東京の路上で 1923年関東大震災ジェノサイドの残響》, ころから, 2014年.

関東大震災五十周年朝鮮人犠牲者調査·追悼事業実行委員会編,《かくされていた歴史 関東大震災と埼玉の朝鮮人虐殺》, 1974年.

関東大震災85周年シンポジウム実行委員会編,《震災·戒厳令·虐殺 関東大震災85周年朝鮮人犠牲者追悼シンポジウム: 事件の真相糾明と被害者の名誉回復を求めて》, 三一書房, 2008年.

木佐木勝,《木佐木日記(下) 名物編集長·滝田樗陰と関東大震災》, 中央公論新社, 2016年.

北村巌,《大逆罪》, 中西出版, 2013年.

姜徳相,《一国史を超えて: 関東大震災における朝鮮人虐殺研究の50年》, 大原社会問題研究所 雑誌 No.668, 法政大学大原社会問題研究所, 2014年.

姜徳相,《関東大震災》, 中公文庫, 1975年.

姜東鎮《日本言論界と朝鮮 1910~1945》, 法政大学出版局, 1984年.

金泰燁・石坂浩一 訳,《抗日朝鮮人の証言 回想の金突破》, 不二出版, 1984年.

金富子,〈関東大震災時の〈レイピスト神話〉と朝鮮人虐殺 官憲史料と新聞報道を中心に〉,《大原社会問題研究所 雑誌》No.669, 法政大学大原社会問題研究所, 2014年.

デーヴ・グロスマン,《戦争における〈人殺し〉の心理学》, ちくま学芸文庫, 2004年.

小谷汪之,《中島敦の朝鮮と南洋 二つの植民地体験》(シリーズ日本の中の世界史), 岩波書店, 2019年.

コルク／マクファーレン／ウェイゼス編, 西澤哲監 訳,《トラウマティック・ストレス　PTSDおよびトラウマ反応の臨床と研究のすべて》, 誠信書房, 2001年.

崎川美央,《芥川龍之介〈桃太郎〉論 啓蒙家としての芥川龍之介》, 富大比較文学第4集, 2011年.

思想の科学研究会 編,《共同研究 日本占領》, 徳間書店, 1972年.

清水寛編 著,《日本帝国陸軍と精神障害兵士》, 不二出版, 2006年.

田原洋,《関東大震災と中国人 王希天事件を追跡する》, 岩波現代文庫, 2014年.

千葉県における関東大震災と朝鮮人犠牲者追悼・調査実行委員会 編,《いわれなく殺された人びと:関東大震災と朝鮮人》, 青木書店, 1983年.

鄭栄桓,《解放〈後在日朝鮮人史研究序説: 1945~1950年》, 2010年.

鄭永寿,《敗戦/解放前後における日本人の〈疑心暗鬼〉と朝鮮人の恐怖》, コリア研究7号, 立命館大学コリア研究センター, 2016年

鄭永寿,《関東大震災時の虐殺事件によるトラウマ的体験とそのゆくえ:在日朝鮮人の口述資料を中心に》, クァドランテ 2015年 3月号, 東京外国語大学海外事業

研究所.

十重田裕一,《横光利一と川端康成の関東大震災　被災した作家の体験と創作》, Waseda RILAS journal No.1, 早稲田大学総合人文科学研究センター, 2013年.

戸田郁子,《中国朝鮮族を生きる 旧満洲の記憶》, 岩波書店, 2011年.

西崎雅夫 編,《証言集関東大震災の直後朝鮮人と日本人》, ちくま文庫, 2018年.

西崎雅夫編 著,《関東大震災朝鮮人虐殺の記録 東京地区別1100の証言》, 現代書館, 2016年.

西村直登,《関東大震災下における朝鮮人の帰還》, 社会科学, 同志社大学人文科学研究所, 2017年.

西村直登,《関東大震災に対する朝鮮社会の反応》, コリア研究10号, 立命館大学コリア研究センター, 2019年.

ニム・ウェールズ, 松平いを子 訳,《アリランの歌》, 岩波文庫, 1987年.

野田正彰,《戦争と罪責》, 岩波現代文庫, 2022年.

藤井忠俊,《在郷軍人会 良兵良民から赤紙・玉砕へ》, 岩波書店, 2009年.

布施柑治,《ある弁護士の生涯 布施辰治》, 岩波新書, 1963年.

布施柑治,《布施辰治外伝 幸徳事件より松川事件まで》, 未来社, 1974年.

布施辰治・明治大学史資料センター 監修,《布施辰治著作集》第1巻・第2巻・第3巻, ゆまに書房, 2007年.

ほうせんか 編著,《増補新版 風よ鳳仙花の歌をはこべ 関東大震災・朝鮮人虐殺・追悼のメモランダム》, ころから, 2021年.

朴殷植・姜徳相 訳注,《朝鮮独立運動の血史》1・2(東洋文庫), 平凡社, 1972年.

F・A・マッケンジー,《義兵闘争から三一独立運動へ 朝鮮の自由のための闘い》, 太平出版社, 1972年.

宮地忠彦,《大正後期の〈内地在留朝鮮人〉に対する〈善導〈主義的政策の論理と実態》, 年報政治学, 日本政治学会, 2007年.

森川哲郎,《朝鮮独立運動暗殺史》, 三一書房, 1976年.

安田敏朗,《流言というメディア 関東大震災時朝鮮人虐殺と〈15円50銭〉をめぐっ

て》, Juncture 06, 名古屋大学大学院文学研究科附属日本近現代文化研究センター, 2015年.

山田昭次,《金子文子 自己・天皇制国家・朝鮮人》, 影書房, 1996年.

山田昭次,《関東大震災時の朝鮮人迫害: 全国各地での流言と朝鮮人虐待》, 創史社, 2014年.

山田昭次,《関東大震災時の朝鮮人虐殺: その国家責任と民衆責任》, 創史社, 2003年.

山田昭次,《関東大震災期朝鮮人暴動流言をめぐる地方新聞と民衆》(〈朝鮮問題〉学習・研究シリーズ 第18号), 〈朝鮮問題〉懇話会, 1982年.

湯浅克衛,《カンナニ 湯浅克衛植民地小説集》, インパクト出版会, 1995年.

李恢成/水野直樹 編,《〈アリランの歌〉覚書 キム・サンとニム・ウェールズ》, 岩波書店, 1991年

李昇燁, 〈三・一運動期における朝鮮在住日本人社会の対応と動向〉人文学報92号, 京都大学人文学研究所, 2005年.

陸軍省, 〈間島事件関係書類〉, 其ノ二´アジア歴史資料センター.

渡邊一民,《〈他者〉としての朝鮮 文学的考察》, 岩波書店, 2003年.

渡辺延志,《歴史認識 日韓の溝 分かり合えないのはなぜか》, ちくま新書, 2021年.

찾아보기

한일이 함께 풀어야 할 역사,
관동대학살

2023년 11월 12일 초판 1쇄 인쇄
2023년 11월 22일 초판 1쇄 발행

글쓴이	유영승
옮긴이	무라야마 도시오
펴낸이	박혜숙
디자인	이보용 김진
펴낸곳	도서출판 푸른역사

우) 03044 서울시 종로구 자하문로8길 13
전화: 02)720-8921(편집부) 02)720-8920(영업부)
팩스: 02)720-9887
전자우편: 2013history@naver.com
등록: 1997년 2월 14일 제13-483호

· 잘못 만들어진 책은 교환해 드립니다.